KB147487

맨발의 평화운동가
비노바 바베

김영주 글 | 이용택 그림

리잼

머리말

    언제부터인지 '나눔'은 우리 사회의 열쇳말이 되고 있습니다. 나눔에 담긴 의미와 가치가 절실한 까닭일 것입니다.

    이 책의 인물 비노바 바베는 인도 전역을 맨발로 걸어 다니며 나눔을 실천한 수행자입니다. 비노바 바베는 모든 사람은 공기와 물과 햇빛을 누릴 권리가 있듯이 땅을 누릴 권리도 가지고 있다는 믿음을 가졌습니다. 이 믿음으로 12년 동안 무려 8천 킬로미터의 거리를 맨발로 걸어 다니며 부자들에게 토지 헌납을 호소하였고, 그렇게 얻은 400만 에이커의 땅을 자활의 터전으로 삼을 수 있도록 가난한 사람들에게 나눠 주었습니다.

    인도의 카스트제도에서 가장 높은 계급인 브라만 계급 출신이며 산스크리트어 학자인 비노바 바베는 아주 어릴 적, 자신의 모든 것을 버리고라도 수행자의 길을 가기로 했으며 그것을 실천하기 위해 몸을 단련하고 학문을 익히는 데 전념했습니다. 조국의 독립을 위해 무저항 운동을 펼치다 감옥 생활을 하게 되었을 때조차 어느 것 하나 게을리하지 않았습니다.

    가난한 사람들을 위해 옷 두세 벌과 컵 한 개, 밥그릇 한 개만을 가진 수행자의 길을 선택한 그는 해가 뜨면 부단야가 즉 토지 헌납 운동을 위해 인도 전역을 맨발로 걸어 다녔으며 해가 지면 이엉이나 대나무로 엮어 만든 오두막집에 지친 몸을 뉘었습니다. 가는 곳마다 사람들이 모여들었고, 대통령과 수상, 성직자들까지 앞을 다퉈 자신들이 사는 곳으로 모셔 가려고 했지만 불가촉천민이나 여성들, 다른 종교를 믿는 사람들이 환영받지 못하는 곳이라면 그곳이 어디든 결코 가려 하지 않았습니다. 그것은 세상의 모든 사람은 평등하며, 평등할 권리가 있다는 확고한 신념 때문이었습니다. 비노바 바베는 조국 인도는 물론이고 세계 전체까지도 변화시킬 수 있을 거라고 믿었습니다. 그는 마을 토지의 공동경작 운동을 이끌어 나갔으며 나병 환자들을 위해 나병 센터를 건립 등 소외된 이웃들을 돕는 일에 평생을 바쳤습니다. 그의 스승이자 비폭력 저항 운동의 아버지로 불리는 마하트마 간디는 **"조국 인도가 독립하면 가장 먼저 국기를 올리는 사람은 비노바 바베여야 한다."**며 칭송을 아끼지 않았답니다.

비노바 바베는 자신이 나눔을 실천할 수 있었던 힘의 원천은 사랑이라고 믿었습니다. 그만큼 사랑의 힘은 위대합니다. 무한합니다.

이 책을 읽는 여러분 모두 아주 사소한 것이라도 나눌 줄 아는, 사랑으로 충만한 나날들 되기를 소망합니다.

2019년 김영주

차례

등장인물

비노바 바베

인도의 비폭력 운동가로 간디의 가르침을 받고 수행하며 인도의 독립을 위해 앞장섰습니다. 12년 동안 인도 전 지역을 맨발로 걸어 다니며 순례하였고, 토지 헌납 운동을 펼쳐 가난한 이들에게 헌납받은 토지를 나누어 주었습니다.

어머니

부유한 집안에서 태어나 자랐음에도 불구하고 아랫사람을 함부로 부리지 않고 성실했습니다. 또한 신앙심이 깊고 작은 생명체도 소중히 여기며 배려심이 깊었습니다. 비노바 바베가 사회운동을 시작하기까지 많은 영향을 주었습니다.

간디

인도의 민족운동 지도자이자 인도 건국의 아버지로 불립니다. 제1차 세계대전 이후 비폭력 운동을 전개하였습니다. 비노바 바베를 올바른 수행의 길로 이끌어 주었습니다.

켈랍판

간디와 함께 비폭력 저항 운동을 벌였습니다. 비노바의 제안으로 인도 최남단의 케랄라 지역에서부터 평화군의 모집 활동에 앞장섰습니다.

설탕 소동

"만약에 나에게 정신적 순수함이 있다면
나의 할아버지에게 감사할 일입니다."

인도 마하라슈트라 주의 작은 마을 가고데의 아침이 밝았다. 창틀을 넘어온 아침 햇살이 눈 부셨다.

"비냐*, 잘 잤어?"

"햇살, 너도 안녕!"

"좋은 꿈 꿨어?"

"당연하지!"

어린 비노바가 아침 햇살과 반갑게 인사를 나눌 때였다.

"뭐하는 짓이야?"

"아이쿠!"

"뒤에 감춘 게 뭐지?"

"아무, 아무것도 아닌데요."

★ 비냐 비노바를 부르는 애칭입니다.

문밖에서 시끄러운 소리가 들려왔다.

'무슨 일이지?'

호기심이 발동한 비노바는 소리를 찾아 방을 나섰다.

"뒤에 감춘 게 뭐냐니까?"

"아무것도 아니라고요."

부엌으로 통하는 거실 한쪽에 서 있는 할머니의 옆모습이 눈에 들어왔다. 그 앞으로 주먹 쥔 손을 등 뒤로 감춘 남자아이도 보였다. 그저께 할아버지가 이웃 마을에서 데려온 남자아이였다.

"이웃 마을 밭이랑에서 풀을 뜯어 먹고 있는데, 그냥 모른 척 올 수가 없더구나. 아버지가 바위를 깨는 일을 했던 모양인데, 바위에 깔려 그만 죽고 말았다는구나. 당장 먹고살 길이 막막하다 보니 어머니와 누이들과 함께 일거리를 찾아 큰 도시로 가던 길이었다는데, 잠깐 한눈을 파는 사이에 식구들과 헤어지고 만 모양이로구나. 그러니 비냐, 아이가 혹여 불편하지 않게 잘 보살펴 주도록 하여라."

할아버지는 아이의 모습이 하도 측은해 데려왔다고 했다. 아이가 어머니와 누이들을 찾을 때까지 여기서 함께 살 거라는 얘기였다. 아이는 비노바와 비슷한 또래 같았다.

"이 녀석이!"

"아, 아파요."

"당장 내놓지 못하겠니?"

아이의 팔뚝을 움켜잡은 할머니 표정이 점점 사나워졌다. 목소리도 커졌다. 호기심에다 궁금증까지 더해진 비노바는 까치발로 살금살금 다가갔다.

"어서 내놓지 않으면 할아버지에게 말씀드릴 테다."

"에이!"

할머니는 등 뒤로 감춘 아이의 손목을 앞쪽으로 잡아끌었다. 그러자 아이는 할머니의 손을 거칠게 뿌리치더니 주먹을 더 꽉 움켜쥐며 바깥으로 냅다 도망치려 했다. 아이는 비노바가 서 있는 쪽으로 달려왔다.

"어, 어, 어어……."

비키고 말고 할 겨를도 없이 비노바는 아이의 어깨에 부딪혀 엉덩방아를 찧었다. 엉치뼈와 옆구리와 어깨가 눈물이 찔끔 날만큼 쑤시고 아팠다. 눈앞에서 색색의 별들까지 빤짝거렸다. 혼자 힘으로는 도저히 몸을 일으킬 수 없었다. 아이는 바닥에 주저앉은 비노바를 보았다. 아이는 주먹을 꼭 쥔 채

뒷걸음질 치려 했다.

"나 좀 잡아 줄래?"

비노바는 아이에게 팔을 뻗어 엉겁결에 도움을 청했다. 아이와 눈을 맞췄다. 멈칫멈칫하며 제 주먹과 비노바를 번갈아 보던 아이가 주먹 쥔 손을 풀었다. 두 손으로 비노바의 팔을 잡고 부축해 주었다. 그 바람에 아이가 쥐고 있던 것이 비노바의 무릎 위로 후두둑 떨어졌다. '구르'라고 부르는 정제하지 않은 갈색 설탕이었다.

"고마워."

할머니의 호통에도 절대 내놓지 않으려던 것이 고작 설탕 가루였다니! 비노바는 아이에게 의지해 몸을 일으키며 어안이 벙벙했다. 어느 결에 달려온 할머니가 비노바를 위아래로 살펴보았다.

"비냐, 괜찮니?"

"괜찮아요, 할머니."

"어디 다친 데는 없고?"

"네."

비노바는 왠지 엉치뼈가 쑤시고 아픈 걸 내색하면 안 될 것 같았다.

"도둑놈! 당장 경찰서로 가자!"

할머니는 다시 아이의 목덜미를 덥석 낚아챘다. 아이는 바닥 여기저기에 흩어져 버린 구르를 안타깝게 쳐다볼 뿐, 아무런 저항도 하지 않았다. 비노바는 자기가 나서서라도 할머니를 말려야 할 것만 같았다.

"겨우 구르잖아요, 할머니."

"구르든 뭐든, 남의 걸 훔치고 도망까지 치려 하지 않았니?"

그때였다.

"대체 무슨 일이요?"

아침 예배를 마친 할아버지가 거실 안으로 성큼 들어섰다. 할아버지는 독실한 힌두교 신자로 비가 오나 바람이 부나 아침 예배를 거르는 일이 없었다. 몸이 많이 불편한 날에도 어김없이 경건한 마음으로 경전을 음송하였고, 꽃과 물을 바치고서야 예배를 마쳤다.

할아버지를 본 할머니는 구원병을 만난 것처럼 반색했다.

"이 아이를 지금 당장 경찰서로 끌고 가야겠어요."

"무슨 일로 그러는지 우선 차근차근 말해 봐요."

"글쎄, 이 아이가 몰래 부엌에 들어와선 식탁에 놓아둔 구르를 제 맘대로 한 움큼 집어먹었지 뭐예요. 그뿐인 줄 아세요? 그러고도 성에 안 찼던지 한 주먹이나 몰래 집어 들려다 저한테 들켰는데도 죽어도 훔친 게 없다고 버티지 뭐예요. 아무래도 안 되겠다 싶어 당신한테 가자고 했더니, 내 팔을 우악스레 밀쳐내고선 파다닥 도망까지 치는데…… 그 바람에 하마터면 비냐가 크게 다칠 뻔했다니까요."

"전 아무렇지도 않아요."

비노바가 얼른 끼어들었다. 할아버지는 비노바와 잔뜩 주눅이 든 아이를 번갈아 보았다.

"여보, 비냐도 다친 데가 없고 그런 걸 갖고 경찰서까지 갈 필요는 없잖아요?"

할아버지가 시큰둥한 표정을 짓자 할머니는 여 보란 듯 아이의 목덜미를 더 힘껏 움켜잡았다.

"도둑이 따로 있나요? 구르든 보석이든 남의 것에 손을 대면 그게 바로 도둑이지요. 안 그래요?"

"그렇지요. 남의 물건에 손을 대면 그게 바로 도둑이지요."

"그렇지요? 그러니 당장에라도 경찰서로 끌고 가 죗값을 받도록 해야 하지 않겠어요?"

"헌데 여기 이 집은 우리 집이기도 하지만 함께 사는 그 아이의 집이기도 하잖아요. 그러니 식탁에 놓아둔 구르도 당연히 그 아이 것이 아니겠어요? 제집 식탁에 있는 걸 굳이 허락을 받고 집어먹는 아이가 세상 어디에 있겠어요."

"그리 말씀을 하시니……."

"남의 물건에 손을 댄 거라면 혹 모를까, 그냥 제집, 제 식탁에 있던 제 것을 먹었을 뿐이니 그 아일 도둑이라 하면 안 되지요. 경찰서에 데려갈 필요도 당연히 없고요. 죗값이니 뭐니, 그런 얼토당토않은 말도 하면 안 되지요."

할아버지의 차근차근한 설명을 듣고 난 할머니는 고집을 부리지 않고 아이를 놓아주었다.

"애야, 미안하구나."

할머니의 볼이 발그레해졌다.

"구르가 먹고 싶음 언제든 말하고. 그런데 참, 손은 씻고 구르를 집어먹은 게니?"

"아, 아뇨."

"앞으론 뭘 집어먹어도 손부터 씻고 먹으렴."

"······네."

아이는 할머니의 얼굴을 보면서 보일락 말락 고개를 끄덕거렸다. 비노바는 자신을 부축하고 있는 아이의 손을 보았다. 손은 꼬질꼬질했다. 비노바는 다시 아이의 얼굴로 눈을 돌렸다.

'하지만 저 눈빛은 밤하늘의 어떤 별보다도 맑고 깨끗해!' 비노바는 아이의 맑고 깨끗한 눈빛이 아이가 간직한 순수한 영혼의 모습이라 믿었다. 아이가 할머니의 호통에도 끝까지 놓지 않던 구르를 기꺼이 포기하고 비노바 자신에게 손을 내밀어 준 일도 저 눈빛 때문이라고 생각했다.

때마침 마당 청소를 마치고 들어온 어머니가 눈물이 그렁그렁한 아이의 어깨를 감싸 안았다.

"애야, 배 많이 고프지? 밥 먹게 얼른 손부터 씻자."

한바탕 소동을 겪었기 때문일까. 비노바의 뱃속에서도 꼬르륵 소리가 연이어 새어 나왔다.

"아, 배고파. 나도 얼른 씻고 밥 먹어야겠다!"

"비냐!"

아이를 수돗가로 이끌던 어머니가 비노바를 나직이 불렀다.

"네, 어머니."

"툴시나무에 물은 주었니?"

"아니요, 아직⋯⋯."

"소 먹이는 챙겨 주었고?"

"그것도 아직⋯⋯."

"툴시나무에 물을 주고 소에게 먹이를 주기 전에는 절대 식탁에 앉지 않기로 한 약속을 벌써 잊은 건 아니지?"

비노바는 어릴 때부터 어머니와의 이 약속을 꼭 지켜 왔다. 툴시나무는 사람들의 건강을 지켜 주는 신성한 나무이고, 사람들에게 많은 것을 제공해 주는 소 또한 더없이 신성한 존재이기 때문이었다.

"오늘만요. 오늘 하루만 밥부터 먹고 나무와 소를 챙길게요."

"네가 툴시나무와 소 먹이를 챙겨야 나도 네게 밥을 챙겨 줄 거란다."

어머니는 단호했다.

'하루쯤 약속을 어긴다고 해가 서쪽에서 뜨는 것도 아닌데⋯⋯.'

비노바는 무척이나 섭섭했다. 하지만 어머니의 말을 거스를 생각은 추호도 없었다.

빵나무에 열린 어머니의 가르침

> "배를 채울 만큼의 음식과 몸을 가릴 만한 의복,
> 그것이 우리에게 필요한 것의 전부이다."

돌 돌 도올돌 돌 돌 도올돌……

곡식을 가는 맷돌 소리가 어린 비노바의 귓가를 간질였다. 맷돌 소리 사이사이로 어머니가 흥얼거리는 찬가가 섞여 들렸다. 나지막한 소리가 경쾌했다.

"빵나무!"

비노바는 저도 모르게 입맛을 다시며 자리에서 벌떡 일어났다. 아침 햇살이 비노바의 발아래 사뿐 내려앉으며 오늘도 인사를 건넸다.

"비냐, 잘 잤어?"

"너도 안녕!"

비노바는 반갑게 인사를 했다. 그러고는 허둥지둥 방문을 나섰다. 어찌나 서둘렀던지, 하마터면 문지방에 걸려 꼬꾸라질 뻔했다.

"비냐, 그러다 다치겠어!"

놀란 아침 햇살이 비노바의 발목으로 팔을 길게 뻗었다. 하지만 빵나무가 있는 마당을 향해 달려가는 비노바의 걸음을 막지는 못했다.

비노바는 고개를 뒤로 젖히며 빵나무를 올려다보았다. 저택 지붕을 훌쩍 넘는 나무의 줄기마다 연초록 잎들이 무성했다. 무더운 날에 손부채로 쓰면 좋을 만큼 큼지막했다.

"오늘은 먹을 수 있을까?"

비노바는 까치발을 해 가며 잎 사이사이로 보이는 연두색 열매를 요리조리 살펴보았다. 열매는 어제보다 분명 더 크고 짙어 보였다. 달콤한 빵 냄새가 솔솔 풍기는 것도 같았다.

"오늘은 먹을 수 있겠다!"

비노바의 콧방울이 저도 모르게 연신 벌름거렸다. 달랑 한 그루뿐인 빵나무에 처음 꽃이 피고, 꽃이 진 자리마다 손톱만 한 열매가 열릴 때부터 지금껏 빵나무 열매를 맛있게 먹게 될 날만을 손꼽아 온 비노바였다.

비노바는 당장에라도 열매를 따고 싶었다. 하지만 아무리 까치발을 세워 보아도, 팔을 있는 대로 길게 뻗어 보아도 열매가 달린 가지들은 까마득히 멀기만 했다. 혹시 사다리가 없을까, 비노바는 마당 구석구석을 눈으로 짚어 나갔다.

"우리 비냐가 벌써 일어났네."

아침밥 준비를 마치고 마당으로 나온 어머니가 비노바를 보며 빙긋이 웃었다.

"마당 청소하시려고요?"

어머니의 손에는 동이와 바가지가 들려 있었다. 물과 소똥을 섞어 마당에 뿌리면 먼지가 일어나지 않으면서 깨끗하게 보였다.

"그렇단다."

"제가 도와 드릴까요?"

"괜찮아. 늘 하던 일인 걸 뭐."

어머니는 어깨를 으쓱해 보였다. 어머니는 지주 집안의 며느리이면서도 아랫사람을 부리지 않고 직접 음식을 만들었으며 마당 청소 같은 집안일들도 도맡아 했다. 그렇다 보니 하루 종일 일에 치여 분주했다. 세상일 같은 건 생각조차 하지 않았다. 입에 담는 일도 없었다. 더욱이 거친 말이라곤 할 줄도 몰랐다. 아침에 눈을 뜨고부터 종일토록 천신*의 이름을 읊조렸다. 음식을 만들 때도 청소를 할 때도 천신을 찬양하는 노랫가락을 나지막이 흥얼거렸다.

"참, 근데 어머니."

"왜?"

"이 빵나무 열매들, 오늘은 먹을 수 있을 것 같아요."

"그래? 어디 보자."

어머니는 성가신 내색 하나 없이 동이와 바가지를 든 채 빵나무 아래로 다가왔다. 비노바는 얼른 열매가 달린 가지들을 손으로 가리켰다.

★ 천신 힌두교에서는 천계의 존재들인 신을 '빛나는 존재'라는 뜻의 천신(天神, Devas)이라 칭합니다.

"이것들 좀 보세요. 제 말이 맞죠?"

"그렇구나."

"와아, 신 난다!"

비노바는 연못 속 개구리들처럼 폴짝폴짝 뛰었다.

"그렇게 좋니?"

"네!"

"그럼 아침 식사를 마치고 나서 함께 열매를 따 보자꾸나."

"네! 네! 네!"

비노바는 함박웃음을 지으며 두 팔을 들고 만세를 불렀다.

"천신께서 오늘도 우리에게 기쁨을 주시는구나."

어머니는 빵나무를 향해 고개를 조아렸다. 어머니는 식사하기 전에 천신에게 먼저 예배를 드리는 일을 단 한 번도 빠뜨린 적이 없을 정도로 신앙심이 깊었다. 어머니는 세상의 모든 것들이 천신의 형상이라 믿었다. 그래서 나무 한 그루, 풀한 포기도 절대 허투루 대하는 적이 없었다. 비노바와 그의 두 동생에게도 작은 벌레 한 마리라도 하찮게 여기거나 헤쳐서는 안 된다고 가르쳤다.

"그럼 이제 소똥 챙기러 가야겠구나."

동이와 바가지를 고쳐 잡는 어머니의 눈가에 그윽한 미소가 번졌다. 비노바는 제 주먹보다도 큰 빵나무 열매를 자꾸만 힐끔거렸다.

　어머니는 큼지막한 빵나무 나뭇잎들을 오목한 그릇 모양으로 만들어 식탁 위에 차곡차곡 올려놓았다. 그리고 껍질을 벗긴 과육을 조각내 하나하나 정성을 다해 나뭇잎 그릇에 담아 나갔다. 비노바가 식탁 언저리를 기웃거리는 것도 아랑곳하지 않았다.

　"비냐."

　어머니는 군침을 삼키기에 여념이 없는 비노바에게 말했다.

　"네, 어머니!"

　"이걸 집집이 하나씩 선물해 주고 오렴."

　"집집이 선물을 하라고요?"

　빵나무 열매를 먹게 되었다는 설렘에 아침밥도 먹는 둥 마는 둥 했던 비노바는 제 귀를 의심했다.

"그래, 그러고 나서 우리도 먹자꾸나."

"제가 이걸 얼마나 먹고 싶어 했는지 잘 아시잖아요?"

동네 사람들과 나눠 먹어야 한다는 것도 그러했거니와 동네를 한 바퀴 다 돌려면 그 시간만큼 늦게 빵나무 열매를 먹게 된다는 생각에 비노바는 볼멘소리를 절로 냈다.

"설마 그걸 모를까. 하지만 무엇이 됐던 이웃들에게 먼저 베풀고 나서 우리도 먹어야 하지 않겠니?"

어머니는 비노바의 어깨를 토닥거렸다. 어머니의 따스한 손길에 비노바는 얼마 전에 있었던 일을 새삼 떠올려 봤다.

이웃인 라브네 어머니가 몸이 아파 자리에 눕게 되자 어머니는 끼니때마다 라브네 집을 찾아가 그 집 식구들이 먹을 음식을 챙겨 주었다.

어머니가 가족들이 먹을 식사를 먼저 준비해 놓고 부랴부랴 라브네 집으로 가는 바람에 비노바와 가족들은 끼니때마다 식은 밥을 먹을 수밖에 없었다.

하루는 비노바가 물었다.

"어머니, 아무리 라브네 어머니가 편찮으셔도 먼저 우리 식구들을 돌보고 나서 라브네 식구들을 챙겨야 하는 거 아닌

가요?"

"왜 그렇게 생각하니?"

"다른 사람들을 챙기느라고 가족들에게 식은 밥을 먹게 하는 건 너무 이기적이잖아요."

비노바의 불만을 들은 어머니가 환하게 웃었다.

"비냐, 네가 찬밥을 먹기 싫은 것처럼 라브네 식구들도 찬밥을 먹기 싫을 거 아니니. 그래서 그 집 식구들에게 바로 지은 따뜻한 음식을 먹이려고 시간에 맞춰 가는 거란다. 그건 이기적인 게 아니고 오히려 이타적인 것이야."

비노바는 그때 차근차근한 설명과 함께 어깨를 토닥여 주던 어머니의 모습을 머릿속에 그려 두었다. 불만투성이인 자신이 부끄러워졌다. 볼이 발개진 비노바는 그제야 기분 좋은 맘으로 빵나무 열매가 담긴 나뭇잎 그릇을 챙겨 들었다.

"이리로 와 앉으렴."

어머니는 동네를 돌고 온 비노바를 불러 자신의 옆자리에

앉혔다. 그리고는 빵나무 열매 조각들이 담긴 접시를 비노바 앞에 놓아 주었다.

"잘 먹겠습니다."

인사도 하는 둥 마는 둥 비노바는 부드러운 과육을 한입 가득 베어 물었다. 둘이 먹다 하나가 죽어도 모를 만큼 맛이 좋았다.

"비냐, 이웃들과 함께 나눠 먹으니 백배 천배는 더 맛있지?"

비냐는 고개를 끄덕였다. 어머니의 가르침을 가슴 깊이 새기며 과육을 아주 천천히 씹고 또 씹었다. 달콤하고 향긋한 냄새가 입안 가득 퍼져 나갔다.

수행자가 되기로 결심하다

> "정신적 탐구를 향한 의지 앞에서
> 다른 모든 것은 하잘것없는 것들이 되고 말았다."

1905년, 열 살이 된 비노바는 할아버지 댁을 떠나 아버지가 근무하고 있는 바로다 시로 가게 되었다.

비노바가 살았던 가고데에는 학교가 없었기 때문에 비노바는 아버지에게 따로 교육을 받고서야 학교에 입학할 수 있었다. 하지만 비노바는 학교생활에 잘 적응하지 못했다.

"학교라는 곳은 고분고분 말 잘 듣는 하인들을 훈련시키는 공장에 불과하거든."

친구들이 왜 그렇게 학교에 다니길 싫어하느냐고 물으면, 비노바는 망설임 없이 '그런 공장에 다녀 뭐 하겠냐.'고 대답

할 정도였다.

비노바는 학교에 가는 대신 책 읽기와 주변 곳곳을 돌아다니며 관찰하기를 좋아했다. 친구들을 불러내 바로다의 골목골목을 누비고 다니거나 여러 사원을 찾아다니곤 했다.

친구인 바바지 모게는 그런 비노바를 피해 사원에 숨어서라도 공부를 하려 들었다. 하지만 번번이 비노바에게 들켜 밖으로 끌려 나오기 일쑤였다.

"비냐, 넌 발에 바퀴가 달린 게 분명하다니까!"

비노바의 또 다른 친구인 라구나트 도트레는 비노바만 보면 발바닥 좀 보여 달라고 놀려 댔을 정도였다.

어느 날이었다. 비노바는 친구들 여럿과 함께 시 외곽의 으슥한 뒷골목에서 놀게 되었다. 낡고 허름한 집들이 빼곡하게 들어찬 골목이었다. 비노바와 친구들은 그곳에서 달리기하던 도중에 물레를 돌리는 일에 여념이 없는 한 노인을 보게되었다.

노인은 높은 계급의 남자들이 어깨와 몸통에 두르는 신성한 실을 잣기 위해 손으로 물레를 돌리는 중이라고 했다. 온몸이 땀과 먼지로 범벅이었다.

'아직도 손으로 물레를 돌리다니!'

'기계로 하면 뚝딱일 텐데…… 원시시대의 유물이 따로 없네.'

비노바와 친구들은 먼 훗날 자신들이 스스로 물레질을 하게 될 줄은 꿈에도 모른 채 노인을 웃음거리로 삼으며 골목길을 달려 나왔다.

'노동의 대가만큼은 제대로 받아야 하는 거 아닌가?'

하루 종일 물레질을 해도 끼니를 때우기조차 버겁다며 힘겹게 물레를 돌리던 노인의 모습이 오래도록 비노바의 머릿속을 떠나지 않았다.

1914년이었다.

친구들과 모임에서 비노바는 오랜 시간 구상한 일을 제안하였다. 영국의 지배를 받는 인도의 독립을 위해서 무언가를 실천해야겠다는 의지였다. 인도인들이 처한 현실을 직시해야겠다는 자각이기도 했다.

"공공적인 봉사활동을 위한 모임을 결성하면 어떨까?"

"봉사활동을 위한 모임이라? 좋지!"

"나도 찬성!"

"나도!"

조심스럽게 꺼낸 비노바의 말에 친구들은 이구동성으로 동의를 표했다.

"우리나라를 위해 활동했던 인물들의 생일을 기리는 일도 병행하는 건 어떨까?"

"두말하면 잔소리지."

"나도 찬성!"

그렇게 비노바는 10~15명 정도의 친구들과 '학생협회'를 결성했다.

연구토론을 위한 모임도 만들었다. 성자와 위대한 인물들의 생애와 애국, 활동 등을 연구하고 토론하려는 목적이었다.

"독서토론회도 정기적으로 개최해 보자."

"그러려면 역사와 과학, 민속자료 같은 다양한 분야의 책을 모으는 일에도 신경을 써야 할 거야."

"물론 그래야지."

"그런데 모임 장소로 어디가 좋을까?"

"당장은 집집이 돌아가며 모임을 하면 될 테고. 주변에 싸고 좋은 곳이 있거든 언제든 추천을 하자고. 집세는 모두가 똑같이 나눠서 내면 되지 않을까?"

"무조건 찬성!"

"나도!"

모두의 열망이 담긴 모임은 열정과 패기로 이어졌다.

봉사활동은 물론이고, 누가 시키지 않아도 모두 공부와 연구를 열심히 하였다. 인물들의 전기와 역사, 과학 등 각 분야의 책들은 제대로 된 도서관을 짓고도 남을 정도로 모였다. 더욱이 친구들과 나눈 우정은 비노바에게 무엇과도 바꿀 수 없을 만큼 소중한 선물이 되어 주었다.

비노바가 1934년, 마을봉사협회 '그라마 세바 만달'을 창설하면서 모델로 삼았던 것도 바로 이 학생협회였다. 협회에 속한 친구들 대부분이 평생 친구로 남았으며, 훗날 간디와 합세하여 힌두어 전파 운동과 물레로 실을 잣는 비폭력 저항 운동 등에도 힘을 보탰다.

1916년 3월의 어느 날이었다.

수업을 마친 비노바는 친구 둘과 함께 대학 교정을 나섰다.

"중간시험을 치러 봄베이*로 가는 날이 25일이랬지?"

비노바가 베데카르에게 물었다.

"그렇지!"

"아무리 규정이 그렇다지만, 중간시험 하나 보자고 봄베이까지 기차를 타고 가야 한다니 정말 성가시지 않아?"

타가레가 콧등을 찡그리며 말을 보탰다.

"그래도 다 함께 기차를 타고 가면 재밌을 거 같은데?"

베데카르가 비노바와 타가레를 번갈아 보며 히죽 웃었다.

"볼라야!"

순진한 사람이라는 뜻의 볼라는 베데카르의 별명이었다. 순진한데다 숨기는 게 없는 성격 탓에 모두 그를 볼라라고 불렀다.

"응?"

"그날, 말이야."

"응."

"난 봄베이로 가지 않을 거야."

비노바는 벼르고 벼르던 이야기를 꺼냈다.

"뭐?"

"시험은 어쩌고?"

베데카르와 타가레는 약속이나 한 것처럼 걸음을 멈췄다. 둘 다 놀란 기색이 역력했다.

"대신 베나레스행 기차를 탈 거야."

비노바는 제 뜻을 어머니에게 제일 먼저 고백했다. 그러면서도 위로가 될까 싶어 머지않아 돌아오겠다고 말했다. 하지만 어머니는 곧 돌아오겠다는 비노바의 말을 절대 믿지 않았다.

"저기 저 동쪽 끝에 있는 베나레스 말이야?"

"그래."

"그렇게 먼 베나레스엔 무슨 일로?"

"오래전부터 생각해 오던 일인데, 이제 집을 떠나 브라마차리*의 삶을 살 생각이거든."

★ 브라마차리 힌두교의 영성 수련자로서 평생을 독신으로 살겠다는 브라마차리야 (진정한 금욕 수련) 서약을 한 사람을 뜻합니다.

열 살이 되던 1905년, 비노바는 브라마차리가 되기로 했다. 그 길을 가기 위한 준비로 담요를 깔고 자는 일이나 구두를 신는 것 따위 기꺼이 포기했다. 공부와 명상을 게을리하지 않았으며 수행에 적합한 몸을 만드는 일에도 최선을 다했다.

"결혼도 않고 평생 혼자 살겠다고?"

"그런데 굳이 베나레스로 가겠다는 이유는 뭐야?"

"베나레스로 가려는 이유는 두 가지야. 그동안 서양식 교육을 받아 온 데다 성자들의 생애를 연구해 왔으니, 이번 여행을 통해 나 자신의 공부를 완성하고 싶거든. 그리고 베나레스는 지식의 보고로 명성이 높을뿐더러 특히 산스크리트어와 경전 연구로 유명한 곳이잖아."

비노바는 되도록 차근차근 설명해 나갔다.

"또 다른 이유는 베나레스가 히말라야와 벵갈로 가는 길목에 있기 때문이야. 히말라야는 영적인 진리를 탐구할 수 있는 곳이고, 벵갈은 실천적인 행동을 할 수 있는 곳이잖아. 그런데 두 곳 모두 나를 강하게 잡아당기고 있거든. 그래서 베나레스에 머물며 히말라야로 갈지 벵갈로 갈지 결정할 생각이야."

"역시! 달리 비냐겠어?"

타가레가 경탄을 금치 못했다.

"비냐, 나도 같이 가자."

비노바의 이야기를 듣고 한참을 생각에 잠겨 있던 베데카르였다.

"설마 볼라 너까지?"

"히말라야나 벵갈은 솔직히 아직 잘 모르겠고, 베나레스로 가서 산스크리트어와 경전 연구를 해 보는 게 어릴 때부터 꾸어 온 꿈이거든. 그래서 이참에 나도 실천에 옮길까 하고."

타가레의 호들갑스러운 반응에 베데카르가 히죽 웃었다.

"난 그런 생각은 해 본 적도 없으니…… 너희 둘이 베데카르에 가는 동안만이라도 동행을 하고 싶은데 그래도 되겠지? 기왕 걸음에 책도 좀 사고 근처 성지를 다녀 보는 것도 나쁘지 않을 거 같네."

"타가레 네가 먼 길을 함께해 주겠다니 도리어 고마운 일이지. 덕분에 가는 길이 심심하진 않겠다."

"그렇게 하자."

비노바는 베데카르와 타가레의 손을 꼭 잡았다. 마음은 벌써 베나레스행 기차를 탄 듯 설렜다.

"너희는 왜 기차 안 타?"

"이번 시험을 놓치면 자퇴 처리될 거야. 어서 타!"

"다들 대학 졸업장을 타려고 안달인데, 대체 무슨 생각인 거야?"

"어, 어, 기차 출발한다!"

1916년 3월 25일. 친구들이 당황해 소리쳤지만 비노바와 베데카르와 타가레는 봄베이로 가는 기차 대신 베나레스행 기차에 몸을 실었다.

> 저는 시험을 보러 봄베이로 가는 대신 다른 곳으로 갑니다. 제가 어딜 가든지 나쁜 일을 하지 않으리라는 걸 아버지도 잘 아실 것 입니다.

비노바는 제 뜻을 알리기 위해 아버지에게 편지했다.

간디를 스승으로 섬기다

"무엇보다도 평생을 봉사하며 살 생각이거든
이곳 사람들이 하는 일을 하나하나
배워 나가는 것도 게을리해선 안 될 게야."

베나레스에 머문 지 두 달가량 되었을 때였다. 베데카르가 덜컥 병을 앓게 되었다. 체격이 건장했고 갠지스강을 단번에 헤엄쳐 왕복했을 만큼 건강했던 그였다. 하지만 병세는 급격히 악화하였고, 병원에 입원한 지 며칠 지나지 않아 그는 세상을 뜨고 말았다.

비노바는 너무나 갑작스러운 친구의 죽음이 도무지 믿기지 않았다. 하지만 분명 천신의 품으로 갔을 거라 믿으며 베데카르의 유언대로 그의 주검을 갠지스 강가에서 화장시켜 주었다.

비노바는 산스크리트어와 경전 연구를 위해 도서관으로 향했다.

"간디 선생께서 힌두대학교에서 했던 강연을 들었나?"

"물론이지. 그 자리에 직접 갔었는걸."

"지금 생각해 봐도 정말, 정말 대단한 강연이었지요."

"나 같은 무지렁이도 알아들을 수 있게 어찌나 설명을 잘 해 주던지…… 감동의 도가니가 따로 없었다니까."

"그러니 영국 관료들에겐 눈엣가시 같은 존재라는 거 아니겠어?"

"아, 나도 그날 강연장에 갔어야 했는데…… 그놈의 밥벌이 때문에 놓치고 말았지 뭔가. 워낙에 바쁜 분이라 언제 또 이곳을 방문할지는 몰라도 그땐 내 만사 제쳐 놓고라도 달려갈 거네."

가는 곳마다, 삼삼오오 모인 사람마다, 비노바가 이곳에 오기 한 달 전쯤 힌두대학교에서 행했던 간디 선생의 강연 이야기로 꽃을 피웠다.

"간디 선생이 강연 내내 비폭력의 중요성을 얼마나 강조하셨는지 모릅니다."

"용기가 없으면 비폭력도 불가능하다는 게 선생의 평소 주장이시잖은가."

"폭력적인 태도와 감정 때문에 표출되는 정신적 폭력은 공개적이고 물리적인 폭력보다 훨씬 더 위험하고 나쁜 거라며, 내적인 비폭력이야말로 용기가 없인 불가능하다는 말씀엔 고개가 절로 끄덕여지더라고."

"암튼 그렇듯 살아 있는 강연을 살아생전에 또다시 들을 수 있다면 죽어도 여한이 없을 거네."

"내로라하는 학자들도 혀를 내두를 정도였다고 하잖아요."

'강연이 열렸던 게 언젠데 아직도 저토록 열광하는 걸까.'

간디 선생에 관련한 이야기는 수없이 들어왔지만 비노바는 여기저기서 나누는 얘기를 한 귀로 흘려들을 수가 없었다.

"그것도 그렇지만 같잖은 유지들, 하고 온 꼴이라니요. 간디 선생의 말씀을 들으러 오면서 뭔 놈의 치장을 그리들 해댔던지, 오죽했으면 간디 선생께서 대놓고 비판하셨을까요."

"푸하, 쥐구멍이 있음 당장에라도 기어들겠더구먼."

"유지랍시고 있는 치장 없는 치장 다하고 왔다가 당황해 어쩔 줄 몰라 하는 꼴을 보니 내가 다 속이 시원하더라니까."

"누구는 아쉬람*을 설립해 이 나라를 위해 자신의 모든 것을 희생하고 있건만 누구는 제 몸뚱이 치장하기에만 급급하니 나라 꼴이 이 모양 아니겠느냐고."

"그래도 간디 선생의 강연 덕분에 아쉬람으로 향하는 이들이 하루가 다르게 늘어간다니 그나마 얼마나 다행인지 모르겠습니다. 저도 그렇고 주변의 많은 친구가 아쉬람 입소를 고민하는 것도 그런 이유인 것을요."

무엇보다도 아쉬람에 관한 이야기가 비노바의 머릿속을 떠나지 않았다.

'어쩌면 내가 그토록 찾아 헤매던 것들이 바로 그곳에 있을지 모르잖아.'

비노바는 당장 간디 선생의 강연록을 찾아 읽었다. 그리고 자신이 갖는 의문들을 편지로 써 간디 선생에게 물었고, 꼼꼼한 답장을 통해 명쾌한 답을 얻을 수 있었다.

★ 아쉬람 수행자들이 모여 사는 공동체입니다.

얼마 후 비노바는 또 다른 물음들을 편지로 써 보냈다. 간디 선생은 엽서를 보내왔다.

비폭력에 관한 많은 물음을 어찌 편지로 해결할 수 있겠습니까. 살아 있는 경험이 없이는 결코 해결될 수 없을 것입니다. 며칠이든 상관없으니 직접 이리로 와서 나와 함께 아쉬람에 머무는 것은 어떻겠습니까? 그러면 이런저런 이야기를 나눌 기회도 얻을 수 있을 것입니다.

간디 선생은 엽서와 함께 비폭력적인 저항을 위해 설립한 '사티아그라하 아쉬람'의 규칙이 적힌 종이를 보내왔다. 전 세계의 복지와 일치하는 방식으로 우리나라를 섬기기 위해서는 비폭력뿐 아니라 정직과 무소유, 육체적 노동 같은 열한 가지의 서약이 필요하다는 내용이었다.

비노바는 자신이 가진 수많은 의문은 살아 있는 경험을 통해서만이 해결될 수 있다는 간디 선생의 엽서를 몇 번이고 읽고 또 읽으며 벅차오르는 감동을 주체할 수 없었다.

'간디 선생이야말로 히말라야의 영적인 진리와 벵갈의 실

천적 행동을 모두 포함한 참된 길이구나!'

1916년 6월 7일, 마침내 비노바는 히말라야도 벵갈도 아닌 아마다바드의 아쉬람에 머물고 있는 간디 선생에게로 갔다.

비노바는 아마다바드에 위치한 아쉬람을 찾아갔다.

"베나레스에서 간디 선생을 뵈러 왔습니다."

"어서 오게."

감자와 오이 같은 채소를 자르고 있던 간디 선생은 비노바를 반갑게 맞아 주었다.

"비노바 바베라 했지?"

"그렇습니다."

"초면에 자네에게 부탁이 있네."

"말씀하십시오."

"이곳 식구들 식사 시간이 다 돼 가서 그러는데, 이야기는 천천히 나누고 우선 채소 자르는 걸 도와주었으면 하네."

간디 선생이 칼 하나를 집어 비노바의 손에 쥐여 주었다.

부엌일이라곤 해 본 적이 없는 비노바는 뭘 어찌해야 할지 난감했다.

"자네, 채소를 잘라 본 적이 없나 보구먼."

"……네에."

"그럼 내가 하는 걸 잘 보고 그대로 따라서 해 보게."

간디 선생은 너무도 익숙한 손놀림으로 채소를 잘라 그릇에 담았다.

'세상의 어떤 민족 지도자가 제자들을 먹이기 위해 직접 채소를 자른단 말인가!'

육체적 노동을 실천하는 간디 선생의 모습에 비노바는 경탄을 금할 수 없었다.

"혹시 들일도 직접 하시는지요?"

"들일뿐이겠는가. 내 몸을 필요로 하는 곳이 한두 곳이 아니라네. 그만큼의 가치도 있고."

간디 선생은 별일 아니라는 듯 대답했다.

'육체적 노동이 아쉬람의 규칙 중 하나라 했지.'

간디 선생의 가르침을 가슴 깊이 새기며, 비노바는 어설픈 칼질이나마 채소를 자르는 데 최선을 다했다.

식사 준비를 모두 마친 후에야 비노바는 간디 선생과 함께 자리할 수 있었다.

"학업도 마치지 않고 대학을 떠났다 했지?"

"네."

"산스크리트어 학자이고?"

"네."

간디 선생에 대한 경외심 때문일까. 비노바는 선생의 질문을 하나라도 놓칠세라 긴장을 늦추지 못했다.

"대단한 걸 묻는 것도 아닌데 뭐 그리 긴장해 있누? 물이라도 한 잔 마시게."

그 모습이 안쓰러웠던지 간디 선생은 물을 따라 비노바 앞에 놓아주었다.

"경전 연구에도 일가견이 있다니 자네를 귀히 쓸 수 있기를 바라네."

"뭐든 말씀해 주십시오."

"무엇보다도 평생을 봉사하며 살 생각이거든 이곳 사람들이 하는 일을 하나하나 배워 나가는 것도 게을리해선 안 될 게야. 이곳 아쉬람에 오래 머물러 준다면 더더욱 좋을 테고."

"그럴 생각입니다."

이미 마음을 굳힌 비노바였다.

"정말인가?"

"네."

"고맙네. 정말 고마우이."

간디 선생은 비노바의 어깨를 가만가만 쓸어내렸다.

"그런데 몸이 상당히 약해 보이는구먼. 대체로 학문을 하는 사람들은 몸이 튼튼치 못하다는 건 잘 알고 있네. 그렇다 해도 자넨 어디가 많이 아파 보이는걸. 자신의 학문을 완성하려는 사람들은 절대 병에 걸리지 않는다는 사실을 꼭 명심하게."

"두고두고 깊이 새기겠습니다."

비노바는 진심을 담은 선생의 말이 절대 허투루 들리지 않았다.

바로 다음 날부터 비노바는 아쉬람에 기거하며 온갖 허드렛일을 수행해 나갔다. 사람들과 함께 들일을 나갔고, 돌밭을 개간해 농지로 만들었다. 인근 마을의 집짓기와 집수리에도 몸을 아끼지 않았다. 간디 선생이 강연회를 위해 아쉬람을 떠나 있는 동안에는 선생을 대신하여 아쉬람 식구들의 식사 준비와 배식을 담당하기도 했다.

가장 높은 계급인 브라만의 신분을 과감히 벗어던지고 최하층민인 불가촉천민들의 일을 해낸다는 것이 결코 쉽지만은 않았다. 더군다나 태생적으로 허약한 체질인 탓에 육체적 노동이 쉬울 리도 없었다. 하지만 간디 선생의 가르침을 되새김질하노라면 단 한 순간도 꾀를 부릴 수가 없었다.

"아무래도 많이 지쳐 보입니다."

"남은 일은 우리가 다 알아서 할 테니, 저쪽으로 가 조금 쉬는 게 어떻겠습니까?"

"저녁엔 강의도 해야 할 테고, 제발 그렇게 하시지요."

동료 수행자들의 정 깊은 배려 또한 큰 힘이 되어 주었다.

비노바는 낮에는 육체적 노동을 통한 수행자의 생활을 하면서 밤이 되면 이런저런 강의와 수업을 이어 나갔다. 그러면서도 명상과 걷기를 통해 수행에 적합한 몸을 만들어 나갔다. 경전 연구를 위한 공부도 게을리하지 않았다.

무엇보다도 물레로 실을 잣고 옷감을 짜는 일에 관심을 집중시켰다. 공장에서 생산하는 실과 옷감이 결코 인도에 유익하지 않을 거라는 판단이었다.

간디 선생과 함께 손물레인 탈키를 이용해 실을 자으면 바로다의 뒷골목을 달리다 보았던 노인의 모습이 기억에 아른거렸다.

'이렇듯 신성한 노동을 원시시대의 유물이라고 비웃었으니……'

물레질을 웃음거리 삼았던 자신의 어리석음이 부끄럽고 또 부끄러울 따름이었다.

'하루 종일 물레질을 해도 끼니조차 때우기 어렵다 했지.'

비노바는 좀 더 효율적인 생산 과정을 연구하였고, 개선을 위해 노력하였다. 또한 실을 잣는 일에 얼마의 임금을 지불하는 것이 합당한지를 산출해 내고자 많은 시간을 할애하였다.

아마다바드의 아쉬람에서 지낸 지 얼마 지나지 않았을 때였다.

그날도 간디 선생은 이곳 사람들의 식사 준비와 배식을 직접 맡아 하고 있었다. 산비탈의 돌밭을 개간하고 돌아온 비노바는 동료와 함께 자리를 잡고 앉았다. 유독 고된 작업을 마친 끝이다 보니 배식 차례를 기다리는 내내 입안 가득 군침이 돌았다. 더욱이 오후에는 아쉬람 식구들을 대상으로 한 『기타*』 강의가 예정되어 있으니 다른 날보다 속을 더 든든히 해둘 필요가 있었다.

드디어 비노바의 차례가 되었다.

"수고 많았네."

"잘 먹겠습니다."

"많이 먹게."

비노바는 기쁜 마음으로 선생이 건네는 음식을 받아 들었다. 그런데 하필이면 반찬으로 나온 채소가 쓰디쓴 카렐라였다.

'이걸 어찌 먹지?'

아주 어릴 때부터 비노바는 카렐라라는 쓴 오이를 끔찍이 싫어했다. 천신이 주신 음식을 가려 먹는 건 죄라며, 어머니가 어떻게든 먹여 보려 했지만 카렐라를 먹느니 차라리 굶는 게 낫다며 버티던 비노바였다. 하지만 다른 사람도 아닌 간디

* 기타 힌두교 3대 경전 중 하나인 『바가바드기타』의 약칭입니다.

50

선생이 직접 배식해 준 것을 어찌 마다할 수 있을까.

'이것부터 얼른 먹어 치우자.'

비노바는 눈을 질끈 감아 카렐라를 한입에 집어삼켰다. 자신이 싫어하는 카렐라부터 먹고 나서 다른 것들을 먹는 편이 나을 것 같았기 때문이었다.

"배가 많이 고팠나 보구면. 여기 더 있네."

카렐라를 절대 먹지 못한다는 걸 알 리 없는 간디 선생은 비노바의 그릇에 카렐라를 더 채워 주었다.

"아, 아니 그게……."

굳이 변명하려니 아무래도 도리가 아닌 것 같았다.

'에이, 모르겠다.'

비노바는 엉겁결에 받아 든 카렐라를 다시금 한입에 집어삼켰다.

"이런, 자네가 카렐라를 그토록 좋아하는 줄 미처 몰랐네."

그러자 간디 선생이 얼른 카렐라를 더 덜어 주는 게 아닌가. 다른 사람들도 그런 비노바가 신기한 듯 눈을 떼지 못했다.

'앞으론 카렐라를 좋아하도록 해야겠구나.'

비노바는 말을 아낀 채 선생이 덜어 준 카렐라를 단숨에

먼어 치웠다.

"자네가 그리 잘 먹으니 내가 다 배가 부른걸."

재차 카렐라를 그릇에 채워 주며 선생은 비노바를 흡족히 바라보았다. 진심으로 사람을 사랑하는 간디 선생 덕분에 또 한 가지의 가르침을 받았다는 생각을 하며 비노바는 카렐라를 되도록 꼭꼭 씹어 삼켰다.

'내가 싫어하는 것을 극복하는 훈련을 받았구나!'

비노바는 충만감에 가슴이 벅찼다.

1918년 10월 24일 비노바는 출가 후 처음으로 바로다의 집으로 갔다. 마흔둘의 나이에 죽음을 맞게 된 어머니의 임종을 지키기 위해서였다.

"비냐."

"네, 어머니."

"참 편안하구나."

죽음을 앞둔 어머니는 더없이 평온한 표정이었다. 그런 어머니를 지켜보는 비노바는 가슴이 미어져 말도 제대로 나오지 않았다.

"뭐가, 무엇이 그리 편안하시다고……."

"네가 어느덧 장성해 가고자 하는 길을 가고 있으니 얼마나 편안한지 모르겠구나. 이제 네가 네 동생들을 잘 돌봐 주리라 생각하니 걱정하지 않아도 되어 편안하고. 그리고 또 한 가지는……."

어머니가 아주 잠깐 가쁜 숨을 몰아쉬었다.

"두 달 전에 드디어 천신을 볼 수 있었거든. 그러니 어찌 편안하지 않을 수 있겠니."

바로다에서 서너 시간 거리에 있는 다코르의 사당을 방문해 보는 것이 어머니의 꿈이었다. 하지만 십 년 넘게 바로다에 살면서도 집안일에 치여 사느라 단 한 번도 가 보지 못하다가 두 달 전에야 그곳 사당에 다녀올 기회를 가질 수 있었다.

'그조차 천신의 축복이라 믿는 내 어머니!'

비록 몸은 자신을 떠나지만, 자신의 삶의 한 부분으로 계속 살아 숨 쉬고 있을 것을 믿으며, 비노바는 어머니의 손을 꼭 감싸 잡았다. 눈물이 볼을 타고 하염없이 흘러내렸다.

"세상 걱정 다 내려놓으시고 부디 천신의 품에서 편히 쉬십시오."

비노바는 자신들도 형처럼 브라마차리로 살고 싶다는 두 동생들을 데리고 간디 선생이 기다리고 있는 아쉬람으로 돌아왔다.

혼자 남겨진 아버지는 가끔 아쉬람을 찾아와 간디 선생과 인도의 근대화에 대한 의견을 나누었고 인도가 영국으로부터 독립되던 해인 1947년, 둘리아 시에 머물고 있던 동생 쉬바지의 집에서 생을 마감하였다. 비노바와 동생들은 아버지의 시신을 화장해 쉬바지의 집 마당에 묻고 툴시나무 한 그루를 심어 드렸다.

사바르마티 아쉬람에 머물 때였다.

비노바는 동생 발코바와 함께 강 너머 마을의 집짓기 현장으로 나서던 참이었다. 저만치 어리디어린 사내아이 하나가 똥오줌이 가득 찬 통을 들고 들판 구덩이 쪽으로 가고 있었다.

제 몸집보다도 큰 통이 무거웠던지 걸음을 내디딜 때마다 이리 기우뚱, 저리 기우뚱거리는 모습이 보기에도 안쓰러웠다.

"에쿠, 저러다 넘어지면 어쩌려고?"

발코바는 차마 발이 떨어지지 않는지 아이에게 둔 시선을 거두지 못했다.

그 당시 아쉬람에서는 똥오줌을 치우는 불가촉천민을 따로 고용하였으며 그들에게 노동의 대가를 지불하고 있었다. 그런데 똥오줌을 치우던 사람이 덜컥 죽게 되자 어린 아들이 그 일을 대신하고 있었던 것이다.

"우리가 좀 도와주자."

보다 못한 비노바는 아이 쪽으로 몸을 틀었다.

그때였다. 위태위태하던 통이 휘우뚱, 기울며 똥과 오줌이 아이 바지를 타고 바닥으로 쏟아졌다.

"아부지이이!"

당황한 아이가 어쩔 줄 몰라 하며 울음보를 터트렸다.

"얘야, 가만있어라!"

동생 발코바가 비노바를 앞질러 아이에게 달려갔다. 그러고는 아이를 대신해 똥오줌 통을 들판 구덩이로 옮기기 시작했다.

"나도 거들어 주마."

비노바도 미처 옮기지 못한 통을 들고 발코바의 뒤를 따랐다. 비노바 자신이 들기에도 힘에 부칠 만큼 무거웠다. 냄새는 또 어찌나 고약한지 몰랐다.

"여긴 우리가 알아서 할 테니 어서 가서 씻으렴."

아이를 안심시키는 것도 빠뜨리지 않았다. 그제야 울음을 그친 아이가 제 코를 쥐어 잡고는 머리가 땅에 닿도록 절을 해댔다.

통들을 모두 들판 구덩이로 옮기고 나자 발코바가 넌지시 물었다.

"비냐 형, 내가 만일 똥오줌 치우는 일을 맡겠다면 허락해 줄 거야?"

"그거 좋은 생각이다. 나도 힘닿는 데까지 도울 테니 네가 그 일을 맡아서 해라."

비노바는 기꺼이 허락해 주었다.

'이 또한 신성한 노동 아니겠는가!'

똥오줌을 치우는 일인들 마다할 이유가 없었다. 되레 미처

생각지 못하고 있었던 게 이상할 정도였다. 그러자 아쉬람의 상급회원인 수렌드라도 거들겠다고 나섰다.

"살다 살다 별일을 다 봅니다."

"바푸께서라도 말리셔야 하지 않겠습니까?"

브라만 출신인 비노바 형제가 분뇨 치우는 일을 시작했다는 소식이 전해지자 못마땅하게 생각한 사람들이 대놓고 불평을 쏟아 냈다.

"브라만이 분뇨를 치우는 일보다 더 나은 일이 세상에 또 있을까요? 괜한 트집 잡을 생각 말고 당신도 힘을 보태는 게 어떻겠소?"

그럴 때면 간디 선생이 나서서 그들을 꾸짖고는 하였다.

이에 힘을 얻은 비노바는 발코바와 수렌드라의 헌신적인 노력이 헛되지 않게 분뇨 치우는 일에 더더욱 집중하였다.

그리고 몇 년 후에는 간디 선생을 중심으로 가장 비천한 계급인 불가촉천민을 신의 아들이란 뜻의 '하리잔'이라 칭하며 그들의 처우 개선을 주장하였다.

비폭력 저항 운동으로 감옥생활을 하다

"내가 진정한 아쉬람 생활을 경험한 것은
감옥 안에서였습니다."

1921년의 일이었다. 간디 선생은 와르다에 아쉬람 지부를 창설하였고, 비노바를 그곳 책임자로 임명하였다. 새로 설립된 지부인 만큼 해야 할 일도, 신경 써야 할 일도 많았지만 비노바는 성심을 다해 지부를 이끌어 나갔다.

어느 날이었다. 안전 점검을 위해 건물 구석구석을 살피러 나갔던 수행자들이 젊은 수행자 하나를 끌다시피 데려왔다.

"비노바! 비노바!"

"무슨 일입니까?"

"이 친구가 글쎄, 창고 귀퉁이에 몰래 숨어 비디담배를 피우고 있지 뭡니까?"

"손으로 말아 만든 싸구려 담배다 보니 연기도 냄새도

어찌나 고약하던지요. 불이라도 난 줄 알고 어찌나 놀랐던지…… 아직도 심장이 벌렁거립니다."

"그러면서 무슨 수행을 하겠다고 여길 왔는지 알다가도 모를 일입니다."

"당장 내쫓아야 하지 않을까요?"

수행자들의 표정이 험악했다.

비노바는 겁에 질려 오들오들 떨고 있는 젊은 수행자 곁으로 다가갔다. 아쉬람에 온 지 얼마 되지는 않았지만, 몸을 사리거나 꾀를 부리는 일이라곤 없는 사람이었다.

"학교 기숙사에서 지낼 때부터 피워 오던 담배라 끊기가 쉽지 않습니다. 그리고 마침 쉬는 시간인 데다…… 죄송합니다."

젊은 수행자는 차마 고개를 들지 못했다.

"너무 겁먹지 말게. 훌륭한 사람 중에도 담배를 즐기는 사람들이 얼마나 많은데. 사실 담배를 피우는 게 잘못은 아니잖아? 몰래 숨어서 피운 게 잘못이라면 잘못인 게지."

비노바는 그의 어깨를 토닥거렸다.

"자네를 위해 작은 방 하나를 준비해 둘 테니 앞으론 거기서 피우도록 하게. 매주 한 쌈지씩 담배도 준비해 두겠네."

"비노바, 그건 옳지 않습니다."

"규칙에도 담배를 금하고 있지 않습니까? 한데 혼쭐을 내도 모자랄 판에 방에 담배까지 챙겨 주겠다는 건 말도 안 됩니다."

"당장 내쫓든 해야지, 안 그러면 긴장이 풀리고 말 겁니다."

수행자들은 비노바의 처사가 못마땅한 눈치였다.

"담배를 피우는 건 분명 나쁜 습관입니다. 더욱이 규칙으로 담배를 금하고 있고요. 그건 이 친구도 잘 알고 있을 겁니다. 하지만 이미 습관이 되었다니, 이 친구도 그걸 숨기려고 했던 거겠지요. 제 생각엔 그게 더 나쁘다고 봅니다. 그러니 스스로 그 습관을 고칠 기회를 주는 것이 옳지 않겠습니까? 기회조차 주지 않고 무작정 강제하려고만 드는 것이야말로 폭력 그 자체가 아닐는지요."

비노바는 잠시 말을 멈추고는 수행자 한 사람, 한 사람과 눈을 맞췄다.

"제가 아는 비폭력은 인내하고 기다려 주는 것입니다."

"아무래도 저희가 너무 흥분했었나 봅니다."

수행자들은 자신들이 놓치고 만 것이 무언지 곰곰 생각해 보았다.

인내하고 기다려 주는 것이야말로 진정한 비폭력이라 믿으며 아쉬람을 이끌어 가던 비노바는 1923년, 투옥되고 말았다. 물레로 실을 잣는 일과 똥오줌을 치우는 일, 집짓기와 농사일 등을 통해 비폭력 저항 운동을 벌였다는 게 죄목이었다.

그리고 1932년과 1940년, 1942년에도 같은 이유로 감옥 생활을 겪어야 했다.

하지만 돌을 깨는 중노동과 감시, 정신적 압박 속에서도 비노바는 절대 좌절하지 않았다.

'어차피 견뎌야 할 거라면 좀 더 적극적으로 대처하자!'

자발적으로 감옥 내의 식당을 운영하였고, 많은 죄수가 향신료의 사용을 억제할 수 있도록 이끌었다. 일반 죄수들을 대상으로 한 『기타』 강의를 개최하고, 여성들을 위한 강연으로까지 확대해 나갔다.

비노바는 교육이라고는 받아본 적 없는 죄수들을 위해 마라티어로 쉽게 풀어쓴 『기타이』를 출간하기도 했다.

책이 출간되자 많은 죄수가 감옥에서 번 돈을 모두 모아

『기타이』를 사 보았을 뿐 아니라 비노바에게 감사의 선물을 바쳤다.

그러는 한편으로 자신만의 깊이 있는 공부도 게을리하지 않았다. 요가와 명상을 통한 정신 수련에도 전력을 다하였으며, 인도가 독립을 할 때까지는 외국산 설탕을 먹지 않겠다던 오래전 결심과 스스로 입맛을 제어할 작정으로 소금을 먹지 않기로 한 결심을 흔들림 없이 지켜나갔다.

∗∗∗

가로 2.7미터, 세로 2.4미터 크기의 독방에 수감된 적도 있었다. 방 한쪽에는 손맷돌이, 다른 쪽 구석에는 토기로 지은 변기가 놓여 있을 뿐 책도, 필기도구도 없었다. 밖으로 나갈 기회조차 없었다. 여차하면 미쳐 버리고 말 것 같았다.

명상 3시간, 식사와 목욕 등 3시간, 일어서서 걷기와 앉아서 걷기 8시간, 취침 10시간.

결국 비노바는 시간표를 작성하였고 하루도 거르는 일 없이 그것들을 지켜나갔다. 비록 좁디좁은 방이었지만 시속

2.5킬로미터의 속도로 하루에 최소한 16킬로미터씩을 걸었으며 걷는 동안 찬가를 부르는 것도 빠뜨리지 않았다.

침묵의 서약을 지키던 어느 날이었다. 그날도 시간표대로 하루를 보내고 난 비노바가 잠자리에 들려고 할 때였다. 간이 침대 밑에 똬리를 틀고 있는 뱀 한 마리가 눈에 들어왔다. 그런데 방문이 잠겨 있으니 뱀을 내보낼 방법이 없었다.

'도움을 청하자고 자신에게 한 침묵의 서약을 깰 수는 없잖아.'

이런저런 생각 중에 불현듯 그 뱀이 비노바 자신을 찾아온 손님일지도 모른다는 생각이 들었다.

'나를 찾아온 손님을 함부로 내쫓아선 안 되겠지? 그러니 둘이 같이 지내는 수밖에.'

비노바는 등불을 밝힌 채 잠자리에 들었다. 혹 잠에서 깨더라도 손님을 밟지 않으려는 배려였다.

비노바는 꿈에 시달리는 일 없이 잘 자고 일어났다. 침대 밑에 똬리를 틀었던 뱀은 온데간데없었다.

'두려움을 물리치는 데는 신의 이름을 부르는 것보다 나은 방법이 없지만, 용기는 수련을 통해 키워갈 수 있구나.'

뱀을 통해 깨우침을 얻었다는 생각에 비노바는 가슴이 뿌듯했다.

비노바가 위험인물로 분류되어 벨로레 감옥에 수감될 때였다.

"혹 필요한 게 있소?"

그곳에 막 도착한 비노바에게 간수가 물었다.

"두 가지가 필요하네. 하나는 내 머리를 깎아 줄 이발사이고 또 하나는 나에게 타밀어를 가르쳐 줄 사람이네."

"타밀어는 왜 배우려는 게요?"

"내가 이제 타밀어를 사용하는 이곳으로 왔지 않는가. 그러니 이제 타밀어로 대화를 나눠야지."

"알았으니 먼저 이발부터 하시지요."

간수는 타밀어를 가르쳐 줄 선생을 보내 주었다.

열흘 만에 타밀어를 배운 비노바는 텔구르어를 배우기 시작했고, 칸나다어와 말라야람어도 배워 나갔다. 네 가지 언어를 동시에 익힌 비노바는 각각의 언어들을 비교할 수 있었고, 그 덕분에 더 많은 것들을 배울 수 있었다.

그뿐이 아니었다. 수차례의 투옥 기간 동안 비노바는 각 지역 출신의 죄수들을 통해 인도 전역의 언어들을 습득할 수 있었다. 아랍어의 정확한 발음을 익히기 위해 라디오에서 흘러나오는 코란 경 소리에도 귀를 기울였다.

이처럼 감옥 생활 내내 배운 언어들은 몇 년 후, 토지 헌납 운동을 위해 인도 전 지역을 다닐 때 더없이 유익하게 활용되었다.

"내가 진정한 아쉬람 생활을 경험한 것은 감옥 안에서였습니다. 무소유의 서약을 실천하기에 그보다 더 좋은 곳이 또 어디 있겠습니까. 맛있는 것을 먹지 않겠다는 서약도 매일매일 지킬 수 있었습니다. 서약을 지키는 데는 아쉬람도 감옥보다는 못한 곳일 겁니다. 감옥에서는 생각하고 반성할 시간이 많았고, 그리하여 나는 감옥을 아쉬람 생활의 정신적 훈련의 한 과정으로 삼을 수 있었습니다."

훗날 비노바는 5년 동안의 감옥 생활이 결코 헛된 것만은 아니었다고 회상하였다.

모두가 평등한 사회를 위하여

"모든 사람은 공기와 물과 햇빛을 누릴 권리가 있듯이
땅을 누릴 권리도 가지고 있습니다."

간디 선생이 사망하자 선생의 후계자로 지목된 비노바가
단체를 이끌어가게 되었다.

'조국인 인도를 위하여 과연 무엇을 할 수 있을까.'

1947년 8월 15일, 마침내 영국으로부터 독립은 되었지만 힌
두교인과 이슬람교인 간의 무력 충돌 때문에 인도와 파키스탄
으로 나뉜 조국이었다. 비노바의 고민은 깊을 수밖에 없었다.

"비노바 선생, 제발 델리로 와서 나를 좀 도와주시오."

때마침 초대 총리로 임명된 판디트 네루가 비노바에게 도
움을 청해 왔다.

"총리께서 그리 간청을 하시니 당분간은 둘로 나뉜 나라 때문에 집을 잃고 떠도는 사람들을 챙기는 일에 전념해 볼 생각입니다."

오랜 고민 끝에 비노바는 몇몇 동료와 함께 델리로 갔고, 난민들을 재정착시키기 위한 활동을 시작하였다.

하지만 네루와 그의 지시 사항을 수행하는 사람들 간의 생각 차이가 너무 큰 탓에 무엇 하나 제대로 진행되는 것이 없었다. 깊어질 대로 깊어진 종교적 갈등도 큰 걸림돌이었다.

한 번은 서파키스탄 출신의 불가촉천민들이 땅을 달라고 요구하고 나선 일이 있었다. 하지만 오랜 시간이 지나도록 결정되는 것이라고는 없었다.

"수십만 에이커의 땅을 사용할 수 있도록 할당해 주면 되겠소?"

비노바의 끈질긴 설득을 이기지 못한 정부는 결국 수십만 에이커의 땅을 할당해 주겠다고 공표하였다.

"우리 같은 비천한 자들에게 수십만 에이커의 땅을 사용토록 하겠다니 이게 꿈이요, 생시요?"

"이게 다 비노바 덕분 아니겠습니까?"

"그럼요. 비노바가 아니었으면 꿈도 못 꿀 일이지요."

"나 또한 기쁘기 한량없습니다. 문제는 언제쯤이나 실행에 옮겨 줄지…… 일단 정부를 믿고 기다려 봅시다."

서파키스탄 출신의 불가촉천민들은 물론이고 함께 활동했던 수행자들도 정부의 결단을 치하하며 기쁨의 눈물을 흘렸다.

그런데 두 달이 지났을 즈음, 정부 쪽에서 전혀 다른 이야기를 꺼냈다.

"그 일은 결코 이루어질 수 없을 것입니다."

그러면서 이런저런 핑계를 대기에만 바빴다.

기대가 컸던 만큼 실망도 컸을까. 몹시 분노한 서파키스탄 출신의 불가촉천민들은 비폭력 저항 운동에 나설 것을 결의하고는 비노바에게 먼저 조언을 구했다.

"여러분의 문제에 어떤 도움도 줄 수 없는 현실이 나 역시도 너무나 안타깝습니다. 하지만 지금 우리 인도가 처한 상황을 생각해 보면 나는 여러분의 뜻을 허락할 수가 없습니다."

"그리 말씀을 하시니 저희가 뜻을 접도록 하겠습니다."

"고맙고, 정말 미안합니다."

"어찌 그런 말씀을 하십니까. 되레 저희가 죄송하지요."

"다 함께 마음을 모아 방법을 강구하면 언젠가는 여러분이 원하는 것을 구할 수 있을 거라 믿습니다."

비노바는 지금 인도에서 가장 시급하고도 절실한 일은 모두가 평등한 사회를 만들어 가는 것이라고 믿었다.

'이곳 델리는 내가 있어야 할 곳이 아니구나!'

결국 더는 델리에 머물 이유가 없다고 판단한 비노바는 난민들을 재정착시키기 위한 활동을 접기로 했다. 그리고는 마을 토지의 공동 경작을 위한 밑그림을 구상하면서 파우나르로 발길을 돌렸다.

1950년 새해 첫날, 비노바는 아쉬람 식구들을 한자리에 불러 모았다.

"오늘날 우리 사회에 만연해 있는 불평등과 고통의 가장 큰 원인은 돈이라고 생각합니다. 돈은 우리의 일상생활을 타락시킵니다. 그러므로 돈을 쓸모없는 것으로 만들기 위해서는 우리의 생활에서 먼저 돈을 추방시켜야만 할 것입니다."

비노바는 이미 오래전부터 돈 없이 살아가는 일에 익숙해져 있었다.

"비노바의 말씀이 옳습니다."

"저도 같은 생각입니다."

너나없이 비노바의 뜻에 동의를 표했다.

"우리는 이곳에서 이미 자립을 실천하고 있습니다. 이제는 자신을 정화하기 위해 돈의 사용을 멀리해야 할 때, 우리 스스로 돈 없이 살아가는 실험을 시작해야 할 것입니다."

"비노바, 구체적으로 무얼 어떻게 해 나갈 생각이신지요?"

"앞으로는 채소를 사 먹지 않을 생각입니다. 그러기 위해서는 먼저 지금까지의 생활 방식을 완전히 바꿔야 할 것입니다. 새로운 농사 방법도 모색해야 할 테고요."

비노바는 고심 끝에 내린 결심들을 하나하나 발표해 나갔다.

"그건 자신 있습니다."

"모두 힘을 합치면 못 해낼 게 없지 않겠습니까?"

"저도 같은 생각입니다."

모두 앞서거니 뒤서거니 답하였다.

"비노바, 저희도 당연히 함께 할 수 있는 거지요?"

"저도 끼워 주십시오."

얼마 전에 이곳으로 온 청년들이 행여 자신들을 제외할까, 조바심을 냈다. 대학 교육을 받은 청년들이었다.

"고맙네. 자네들이 도와준다면야 못 할 게 없겠지?"

비노바는 천군만마를 얻은 듯 뿌듯했다.

"우선은, 채소밭을 어디로 할지부터 결정해야 하지 않을까요?"

"멀리 갈 것 없이, 마당 한쪽을 채소밭으로 개간하면 되지 않을까 싶은데…….""

"아! 저쪽 울타리 가까이에 큰 우물이 있잖아요. 채소를 가꾸려면 물이 필요할 테니 기왕이면 우물가에서 가까운 공터가 좋지 않을까요?"

"바퀴식 두레박이 있는 우물 말이지요?"

"그렇지요."

"그럼 채소밭 부지는 정해진 거네요."

"가만? 그렇게 큰 바퀴를 돌리려면 생각보다 힘이 많이 필요할 텐데, 좀 더 효율적인 방법이 없을까요?"

"바퀴의 중간 부분에 여러 개의 기둥을 고정하고, 기둥마다 사람이 붙어 서서 다 함께 바퀴를 돌리면 두레박을 끌어올리는 게 많이 힘들진 않을 겁니다."

"기왕이면 바퀴를 돌리면서 아침기도를 암송하자고요."

"그거 좋은 생각이네요."

"그런데 그 정도 넓이의 밭으로 자급자족이 충분할까 모르겠네요."

"일단 그렇게 시작해 보고, 아무래도 여기 사람들 먹기에 좀 부족하다 싶으면 그때 가서 다른 땅을 구해도 늦지 않을 겁니다. 물이야 도랑을 파서 우물물을 끌어다 쓰면 되는 거고요."

"채소마다 특성과 효능도 다르고 파종 시기며 물 대는 양과 시간도 정확히 알아야 할 테니, 그것들은 제가 따로 조사해서 정리해 보겠습니다. 참고가 될 자료들도 수집해야 할 테고요."

청년들은 자신들 손으로 일궈 낼 채소밭에 관한 이야기를 주고받느라 분주했다.

'나도 저렇듯 패기와 열정으로 똘똘 뭉친 시절이 있었지.'

비노바의 나이는 어느덧 쉰다섯이었다.

'스물한 살에 집을 나와 베나레스로 향했고, 운명처럼 간디 선생을 만나 물레로 실을 잣고, 똥오줌을 치우고, 땅을 개간해 농사를 짓고, 집을 짓고…… 그뿐인가. 사람들을 돕겠다는 일념으로 이 마을 저 마을을 찾아다니다 마을봉사협회를 창설하고, 1936년에는 나병 퇴치를 위한 나병 센터도 설립하고…….'

30년 넘는 세월이 주마등처럼 스쳐 지나갔다.

'천신께서 목표를 향한 패기와 열정을 주시지 않았다면 어느 것 하나 가능키나 했을까.'

청년들을 바라보는 비노바의 눈가에 잔잔한 미소가 번져 나갔다.

"소를 이용하지 않고 경작할 방법도 실험해 볼 생각이네."

비노바는 넌지시 자신의 의중을 내비쳤다.

"농사일 중에 가장 힘든 것이 땅 파는 거라던데요?"

"다른 건 몰라도 땅 파는 일만큼은 제게 맡겨 주십시오."

어느덧 다른 사람들까지 앞다퉈 자신들의 생각과 지혜를 쏟아 냈다.

"제 경험에 비춰 볼 때 땅을 파는 일만큼 건강에 도움이 되는 운동도 드물더라고요. 체육관에서 맹숭맹숭 운동하는 것보다 정신적으로도 유익한 점이 얼마나 많은지 모릅니다."

"맞아요. 신선한 공기에다 짱짱한 햇살까지, 정신까지 맑아지는 게 요가가 따로 없지 싶습니다."

"지금 막 생각난 건데, 우리가 모두 노동자이면서 소유자인 거잖아요? 그러니까 한 사람이 두 사람 몫의 임금을 받는거나 진배없는 거네요. 악덕 지주 따윈 아예 존재도 없는 걸테고요."

"이 지역 밭에서 일하는 남자 노동자들이 하루 여덟 시간을 일하면 13안나*를 받는다 들었습니다. 그런데 여자 노동자들은 같은 일을 하고도 고작 7안나를 받을 수 있다 하고요. 그러니 이 일이 제대로 진행되기만 하면 그런 차별 따윈 자연스레 사라지지 않을까 싶습니다."

모두들 결의에 찬 표정이었다.

'이 또한 천신의 은혜가 아니고 무엇일까.'

비노바는 한 사람 한 사람을 지그시 바라보며 이번 계획을

★ 안나 인도의 화폐 단위입니다.

반드시 성공시켜야겠다며 각오를 다졌다.

"비노바께서도 한 말씀 해 주십시오."

"하아, 내가 하려던 말을 여러분이 벌써 다 했지 싶습니다. 다시 한 번 강조하지만 이번에 우리가 올바른 방법으로 농사를 짓게 되면 우리가 속한 사회의 모습까지 변화시켜 줄 수 있을 거라 믿습니다."

비노바는 이곳에서 행하는 실험들이 현대사회의 뿌리 자체를 흔들어 놓는 일이 될 것을 확신했다. 그러므로 이번 일을 완벽하게 해낼 수만 있다면 인도는 물론이고 세계 전체까지도 변화시킬 수 있을 거라 믿었다. 그런 만큼 이번 일은 분명 대단히 중요한 일일 수밖에 없었다.

"그러니까 이번 일이 모양을 제대로 갖추도록 최선을 다하자는 말씀이지요?"

"비노바께서 총리의 간곡한 청도 뿌리치고 이곳으로 내려오신 데는 그만한 각오로 오셨을 터, 그러니 그런 염려일랑 하지 마십시오."

"여러분만 믿겠습니다."

비노바는 진심을 담아 고개 숙여 인사했다.

가난한 사람들을 사랑하고 섬기다

"당신이 그의 삶 안으로 들어갈 수 있으려면
그가 어떤 결함을 가지고 있든 개의치 말고
그 문을 찾으십시오."

델리 생활을 접고 파우나르로 돌아와 마을 토지 공동 경작 운동을 이끌어가면서도 비노바는 서파키스탄 출신의 불가촉천민들을 머릿속에서 놓지 못했다.

'그들에게 땅을 줄 방법이 과연 무엇이란 말인가?'

비노바는 땅이 없는 사람들에게 땅을 줄 방법을 강구해야겠다는 결심을 하였다. 마음을 다해 방법을 강구하노라면 언젠가 기회가 찾아와 줄 거라는 믿음도 절대 버리지 않았다.

그리고 어느 날 기회가 찾아와 주었다.

비노바는 사르보다야* 대회에 참석차 하이데라바드 인근의 쉬바라마팔리로 가게 되었다. 기차를 타고 가면 하루 만에 도착할 수 있는 거리였다.

'그냥 걸어서 가자!'

구체적인 계획도, 특별히 기대하는 것도 없었지만 비노바는 걸어가기로 작정하였다.

1951년 2월, 라크쉬미 나라얀 사원에서 비노바를 위한 조촐한 송별 모임이 있던 날이었다.

"대회가 3월 7일에 시작되는 거 아닙니까?"

"그렇지."

"기차를 타면 하룻밤이면 갈 수 있을 텐데, 왜 이리 서둘러 가십니까?"

"비행기를 타셔도 될 테고요."

"그냥 걸어서 갈 생각이거든."

★ 사르보다야 다함께 일하고 나누며 심신을 단련하는 공동체입니다.

"네? 정말이요?"

"정말인가?"

참석했던 이들 모두가 어안이 벙벙한 표정이었다.

"가만? 하이데라바드까지 걸어가려면 적어도 한 달은 걸릴 텐데요?"

"알고 있네."

"그런데도 걸어가시겠다니, 대체 무슨 생각인지 궁금합니다."

"건강도 좋지 않으시면서 그 먼 길을 어떻게 걸어서 가신단 말입니까?"

"혹시 기차나 비행기 멀미를 하는 건 아닐 테고?"

"아, 아닐세."

비노바는 별일 아니라는 듯 싱겁게 웃었다.

"비노바, 하루면 가는 길을 한 달이나 걸려 가는 것이 무슨 소용이 있을까요?"

젊은 수행자 하나가 물었다.

"내가 할 일은 오직 한 가지뿐이네. 천신의 이름을 반복해서 외우고 다른 사람들에게도 그렇게 하라고 가르치는 일이지. 내가 나의 일을 행하는 힘의 근원은 오로지 천신일 뿐이기 때문이네."

"무슨 말씀이신지 알 것도 같고, 모를 것도 같습니다."

젊은 수행자는 도무지 뭐가 뭔지 모르겠다는 듯 뒷머리를 긁적거렸다.

"그리고 무엇보다도, 나에게 걸을 수 있는 다리가 있지 않은가?"

분명한 것은 걷는 것이 기차나 비행기가 줄 수 없는 장점들이 있다는 사실이었다.

"하긴. 그리하는 것도 절대 나쁘지는 않을 걸세."

다른 수행자가 얼른 끼어들었다.

"대회가 끝나고도 걸어서 올 생각인가?"

"이제 그대들과 헤어지면 이것이 마지막이라고 생각해 줬으면 하네."

비노바가 굳이 송별회 모임을 한 것도 그런 이유 때문이었다.

"지금, 그게 무슨 말인가?"

"비노바, 진심으로 하시는 말씀이 아니지요?"

모두 놀란 기색이었다.

"우리가 언제 다시 만날지 기약이 없기 때문이지."

구체적인 계획이나 특별히 기대하는 것은 없었지만, 비노바는 어렴풋이 이제 고행의 길로 접어들어야 할 때라는 생각이 들었다.

"그람단은 어쩌시고요?"

"다들 잘하고 있지 않은가."

'그람단' 즉, 마을 토지 공동 경작은 비노바에게 그 무엇보다도 큰 힘이 되었다.

사르보다야 대회를 마친 다음 날이었다.

'텔랑가나로 가자.'

비노바는 안드라 프라데시의 텔랑가나 지역으로 가 볼 생각이었다.

"그 지역에서 유혈 사태가 벌어졌다는 소식을 못 들으셨습니까?"

"알고 있습니다."

그 지역에 사는 부자들과 빈민들 간의 갈등이 결국엔 유혈 폭력 사태로 번지고 말았다는 걸 비노바도 모르지 않았다.

"하고많은 가운데 하필이면 그렇게 위험한 곳으로 가시겠다는 건지, 도무지 이해가 안 됩니다."

대회에 함께 참석했던 수행자는 고개를 절레절레 내저었다.

"그냥, 그러고 싶습니다."

와르다에서 쉬바라마팔리까지 걸어오는 동안 비노바는 수없이 많은 사람과 만날 수 있었다. 그러다 보니 사람들 사는 모습을 좀 더 가까이에서 볼 수 있었고, 많은 이야기를 나눌 수도 있었다. 시간에 맞춰 가야 할 일만 아니라면 며칠이고 머물고 싶었던 마을이 얼마나 많았는지 모른다.

'사람이 곧 길이 아니겠는가!'

그렇게 소중한 경험이 또 있을까 싶을 정도였다. 그러니 설령 유혈 폭력 사태가 있었다 한들 꺼릴 이유가 없었다.

"비노바, 이번에도 걸어서 가실 겁니까?"

수행자 하나가 비노바의 맨발을 뚫어져라 쳐다보았다. 발등도 발목도 뼈만 앙상한 것이 보기에도 안쓰러웠다.

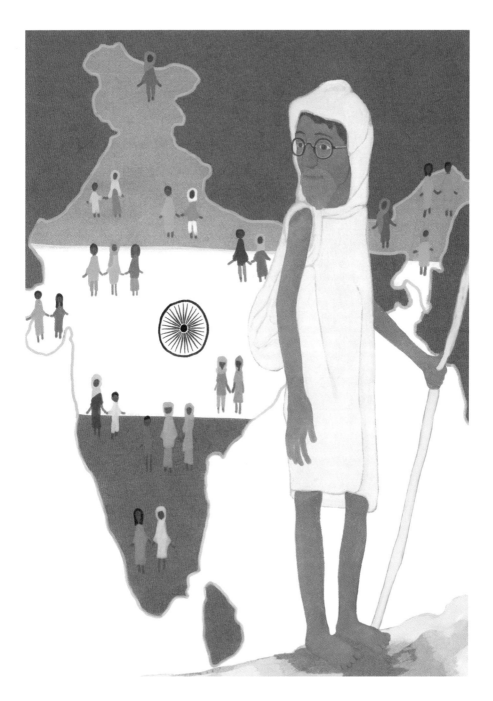

"당연히 그래야겠지요."

하지만 비노바는 그깟 게 무슨 문제냐는 듯 의연했다.

텔랑가나 지역으로 온 지 사흘째 되는 4월 18일이었다.

"비노바께서 이곳에 오셨다는 소식을 들었습니다."

"저희 같은 비천한 자들의 말에 귀 기울여 줄 유일한 분이라 들었습니다. 부디 저희를 도와주십시오."

포참팔리 마을의 불가촉천민들이 비노바를 만나러 왔다. 하나같이 헐벗고 굶주린 모습이었다.

"내가 무얼 도우면 되겠습니까?"

비노바는 그들에게 물 한 잔씩을 권했다.

"40여 명 되는 저희가 땅을 얻을 수만 있다면 그 땅에다 농사를 지어 생계를 꾸려갈 수 있을 겁니다. 80에이커의 땅이면 충분하련만…… 그런데도 부자들은 부른 배를 더 채우기에만 급급할 뿐 저희의 청 따윈 안중에도 없는 듯합니다. 오죽했으면 폭동까지 일으켰겠습니까."

"정부에서 파견했다는 경찰들은 또 어떻고요. 치안을 유지한답시고 호랑이들 사냥이나 해대고 있지 뭡니까. 바라건대 비노바께서 정부 쪽에 탄원서라도 좀 보내 주시기를 간청드립니다."

"알겠습니다. 나 또한 여러분에게 땅을 얻어 줄 수 있기를 간절히 바라는 바, 어떻게든 최선을 다해 보겠습니다."

"역시! 비노바이십니다."

"그런데 만약에 여러분에게 땅을 얻어 줄 수 있게 되더라도 개개인에게 땅을 나눠 주지는 않을 생각입니다. 모두 다 함께 그 땅에서 일하고 나눠야 한다는 사실을 절대 잊지 마십시오."

비노바 자신이 마을 토지의 공동 경작에 전념해 온 이유기도 했다.

"여부가 있겠습니까?"

"각서라도 쓰라면 쓰겠습니다."

모두 결의에 찬 모습이었다. 그때였다.

"내 자네들에게 제안을 하나 할까 하는데."

라마찬드라 레디라는 지주가 불쑥 말을 건넸다. 비노바를 만나러 왔다가 그 광경을 목격한 참이었다.

"마, 말씀하십쇼."

"여기 계시는 비노바 선생님께서 허락만 해 주시면, 내 땅 100에이커를 자네들에게 내놓을까 하네."

"······네에?"

"그런 장난 마십시오."

모두 경계의 빛이 역력했다. 하지만 라마찬드라 레디는 비노바에게 정중하게 허락을 구했다.

"비노바 선생님, 허락해 주실 거지요?"

"그토록 거룩한 결심을 해 주시니, 그저 감사할 따름입니다."

유혈 폭력 사태 이후 많은 부자가 시골집에 있기를 꺼리며 도시로 피신하고 있었다. 시골집에 들를 일이 있을 때도 기어이 경찰을 불러 함께 갔다. 그런 중에 자신의 땅을 무상으로 헌납하겠다고 하니 비노바는 도무지 믿기지가 않았다.

"저야말로 이런 기회를 가질 수 있게 해 주신 선생님께 감사드립니다."

라마찬드라 레디는 어제 오후, 이 지역의 부자들과 만난

자리에서 비노바가 했던 말이 아직도 기억에 생생했다.

"이곳에 모이신 여러분은 천신의 은덕으로 경제적인 부유함을 얻을 수 있었습니다. 그런 이유로 지금이야말로 여러분 모두 가난한 사람들을 돕겠다고 천신 앞에서 서약해야 할 때가 아닐까요? 그리고 용기를 내어 떠나온 시골 마을로 돌아가서 섬김의 정신으로 살아야 할 것입니다."

"덜컥 시골로 내려갔다가, 그러다 살해라도 되면 큰일 아닙니까?"

누군가가 겁에 질려 소리쳤다.

"만일 여러분이 살해될 수밖에 없다면 그조차도 천신의 은덕으로 받아들여야 합니다. 두려움에 떨며 시간을 낭비하느니 차라리 죽는 것이 낫지 않겠습니까?"

"비노바 선생, 세상천지에 그렇게 용기 있는 사람이 어디 있겠습니까?"

"가난한 이들을 진심으로 사랑하고 섬기는 사람입니다."

그곳에 모인 사람들을 바라보는 비노바의 눈빛이 간절했다.

'가난한 사람들을 사랑하고 섬기는 구체적인 방법을 구하고 싶구나!'

비노바의 말에 감동을 한 라마찬드라 레디는 그것들을 실천에 옮길 방법을 구하고자 비노바를 찾아온 길이었다.

"약속하신 땅 중에 이 사람들에게 꼭 필요한 80에이커만 받겠습니다."

"비노바 선생님의 말씀에 따르겠습니다. 그리고 땅을 경작할 때 필요한 농기구와 씨앗들도 제공하고 싶은데, 그렇게 해도 되겠지요?"

"당연하지요."

비노바는 그의 손을 꼭 부여잡았다. 그제야 불가촉천민들도 라마찬드라 레디를 향해 감사의 큰절을 올렸다.

"고맙습니다. 정말, 정말, 고맙습니다."

"비천한 저희에게 베풀어 주신 은혜 절대 잊지 않겠습니다."

"마침내 우리에게도 땅이 생긴단 말이지요? 아, 꿈이거든 제발 깨지 마소서!"

자신들 손으로 직접 일구고 거둘 곡식들을 상상하는 모습이 더없이 평화로워 보였다.

'땅 때문에 살인도 서슴지 않거늘 어찌 이런 일이 있을 수 있단 말인가?'

그날 밤 비노바는 도무지 잠을 이룰 수가 없었다.

'분명 천신께서 행하신 일이렷다!'

자신을 이곳까지 걸어서 오게 한 것도 하늘의 뜻이 분명했다.

'부자들에게 땅을 헌납받아 가난한 사람들에게 나누어 주는 일도 가능하지 않을까?'

비노바는 사람들의 마음이 순수하기만 하다면 제아무리 불가능해 보이는 문제라도 비폭력적인 방법으로 해결할 수 있을 거라는 생각이 들었다.

'그렇게만 된다면…… 서파키스탄 출신의 불가촉천민들처럼 땅이 필요한 사람들 모두에게 땅을 얻어 줄 수 있겠지?'

비노바는 밤을 새워 가며 인도의 땅이 없는 모든 사람에게 필요한 땅을 계산해 나갔다.

'5천만 에이커!'

땅 없는 사람들을 모두 충족시키기 위해서는 적어도 5천만 에이커의 땅이 필요하다는 계산이 나왔다.

'그렇게나 많은 땅을 요구한다는 게 과연 가능한 일일지……'

비노바는 5천만이라는 숫자가 주는 압박감에 자꾸만 어깨가 움츠러들었다. 그때였다.

"비냐, 헐벗고 굶주린 수많은 이웃을 생각해 보렴."

어디선가 어머니의 음성이 들려왔다.

"믿음을 가지고 구하고 또 구하다 보면 언젠가는 반드시 구할 수 있을 거야."

움츠러든 비노바의 어깨를 토닥여 주기까지 했다.

'인도의 총면적은 3억 에이커지. 내가 얻고자 하는 땅은 5천만 에이커이고. 그러니 지주들 모두에게 소유한 땅의 6분의 1씩을 헌납받으면 되는 일이다.'

시작도 하기 전에 망설이기만 한다면, 그 일을 두려워만 한다면, 원하는 것을 결코 구할 수 없을 거라는 확신이 들었다.

'그리고 나에게는 걸을 수 있는 다리가 있잖은가!'

수행자가 되기로 한 1905년부터 지금껏 걷기와 달리기로 단련해 온 몸이었다. 독방에 수감되었을 때조차 단 하루도 걷기 연습을 멈춘 적이 없었다.

날이 밝아 올 즈음, 마침내 비노바는 인도 전역을 걸어서 다니며 부자들에게 땅을 헌납받아 가난한 사람들에게 나누어 주는 '부단 얀가' 즉, 토지 헌납 운동을 시작하기로 하였다. 그러고는 이 운동을 신에게 바치는 예물이라는 뜻의 '야즈나' 라고 불렀다.

맨발로 나눔을 실천하다

"만약 당신에게 다섯 아들이 있다면
나를 여섯 째 아들로 생각하고
소유한 땅의 6분의 1만 내어 주십시오.
가난한 사람들과 함께 나눌 수 있도록 말입니다."

포참팔리에서의 일 이후, 비노바는 맨발로 걸어 다니며 부자들을 찾아가 땅 헌납을 호소하였다. 여전히 맨발이었고, 바랑에는 갈아입을 옷 두세 벌과 컵 하나, 밥그릇 하나가 전부였다.

재촉하는 사람 하나 없는데도 비노바는 해가 뜨면 해를 길동무 삼아 걷고 또 걸었고, 해가 지면 이엉이나 대나무로 엮어 만든 오두막집에 지친 몸을 뉘었다.

"누가 혼자 가는가? 태양, 태양이 혼자 간다."

강렬한 햇볕에 발걸음이 무뎌진다 싶으면 베다 경전의 한 구절을 읊조리며 기어이 힘을 내었다.

"홀로 걸어라. 오! 너 행복한 이여, 홀로 걸어라."

타고르 시의 한 구절인 '홀로 걸어라. 오! 너 불행한 이여, 홀로 걸어라.'를 비노바 자신의 상황에 빗대어 바꿔 부르기도 했다.

어느 마을을 가든 비노바는 진심을 담아 부자들을 설득했다.

"모든 사람은 공기와 물과 햇빛을 누릴 권리가 있듯이 땅을 누릴 권리도 가지고 있습니다. 땅을 가지지 못한 사람이 존재하는 한, 한 사람이 필요 이상으로 땅을 차지하고 있는 것은 잘못입니다. 그러니 만약에 당신에게 다섯 아들이 있다면 가난한 이들의 대표자인 나를 여섯 번째 아들로 생각하고 소유한 땅의 6분의 1만 내어 주십시오. 땅이 없는 가난한 사람들과 함께 나눌 수 있도록 말입니다."

많은 부자가 비노바의 말에 감동하였고, 소유한 땅의 6분의 1을 기꺼이 헌납하였다.

"당신이 땅을 내놓을 때는 스스로 잘못된 것을 바로잡고자 하는 마음으로 내놓아야 할 것입니다. 그것이야말로 토지 헌납 운동의 정신이기 때문이지요."

간혹 마지못해 헌납을 약속하거나, 불편한 심기를 감추지 못하는 부자들에게 일침을 가하는 것도 마다치 않았다.

만일 누군가 땅을 내놓으면서 허영에 찬 마음이나 권력을 과시하려는 기미가 눈곱만큼이라도 보일라치면 비노바는 그것을 절대 받지 않았다. 다른 것들을 희생시키면서 수단과 방법을 가리지 않고 땅을 모을 생각은 추호도 없기 때문이었다.

언젠가 비노바의 말에 감동한 어떤 부자가 자신의 땅 6분의 1을 기꺼이 기부하겠다고 나선 적이 있었다. 그런데 막상 땅을 보니 일부는 상태가 상당히 좋지 않아 농사를 지을 수조차 없어 보였다. 비노바는 당장 그 부자를 다시 찾아갔다.

"부탁 한 가지 더 드려도 되겠습니까?"

"뭐든 말씀만 하십시오."

부자는 영문도 모른 채 무조건 고개를 주억거렸다.

"땅을 헌납하기 전에 먼저 경작이 가능할 수 있게 만들어 주십시오. 안 그럼 땅 헌납을 받아들일 수 없을 듯합니다."

"아, 알겠습니다."

그러자 부자는 즉시 그러마 하고 약속을 했고, 한참이 지난 후 비로소 땅을 헌납할 수 있었다. 그렇게 1년 동안 비노바는 우타르 프라데시 지역의 부자들을 찾아다녔고, 그들에게서 10만 에이커의 땅을 헌납받을 수 있었다.

바는 우타르 프라데시 지역의 부자들을 찾아다녔고, 그들에게서 10만 에이커의 땅을 헌납받을 수 있었다.

1952년의 어느 날이었다. 비하르 지역의 노동자들이 마침 그곳에서 개최하는 대표자 대회에 비노바를 초청하고 싶다는 뜻을 전해 왔다.

"그곳 대회에서 40만 에이커의 땅을 내놓겠다고 약속하면 갈 것이고, 그렇지 않으면 원래 계획했던 다른 곳으로 갈 것입니다."

"비하르에는 7만 5천 개가 넘는 마을이 있습니다. 그러니 마을마다 5에이커씩만 내놓아도 그 정도는 충분히 될 것입니다. 그러니 부디 이곳에 와 주시기를 다시 한번 간청드립니다."

비노바는 계획했던 일정을 뒤로 미루고 비하르로 향했다.

비하르에 머무는 동안에도 비노바는 500만 에이커의 땅을 목표로 삼으며 부자들을 찾아 곳곳을 다니고 있었다.

하루는 그 지역의 젊은 수행자 하나가 조심스레 물었다.

"이곳 부자들에게 500만 에이커의 땅을 내놓아야 한다고 하시지 않으셨습니까?"

"그렇다네."

"아시는지 모르지만, 이곳 비하르 땅의 6분의 1이면 400만 에이커밖에 안 됩니다. 그런데 어찌 500만 에이커를 내놓을 수 있겠습니까?"

"이런, 아무래도 내가 계산을 잘못했나 보네. 이제부터라도 400만 에이커로 계획을 수정해야겠구먼."

비노바는 수더분하게 자신의 실수를 인정하였다. 그러자 셈에 밝은 다른 수행자가 얼른 끼어들었다.

"아, 아니지요. 좀 더 정확한 계산으로는 400만 에이커가 아니라 320만 에이커여야 맞습니다."

"둘 다 정말 고마우이."

비노바는 당장 320만 에이커로 목표를 수정하였고, 더더욱 힘찬 걸음으로 비하르 곳곳을 찾아다녔다.

"스승이랍시고 괜한 고집이나 부리면 어쩌나 싶어 내내 눈치만 살피던 참이었는데……."

"사실은 나도 그랬거든."

"그러니 다들 비노바를 존경해 마지않는 거겠지?"

자신의 실수를 수더분하게 인정하는 비노바의 태도에 젊은 수행자들은 감탄을 금할 수가 없었다. 그러면서 토지 헌납 운동을 위해 무엇이든 힘을 보태야겠다는 각오를 다졌다.

그리고 얼마 지나지 않았을 때였다.

"비노바, 부자라고 모두 땅을 가지고 있는 건 아니지 않습니까?"

"토지 헌납에 동참하려고 일부러 땅을 살 수도 없는 일일 테고요."

토지 헌납에 관심을 보이는 부자 중에도 그런 경우가 종종 있었다.

"마침 나도 그럴 때 대비할 방법을 모색 중이었네."

비노바는 지금까지와는 전혀 다른 방법을 시도해 볼 생각이었다.

"지금까지는 땅만 헌납받아 왔지만 앞으론 돈의 헌납도 받을 생각이네. 대신 나는 그런 내용을 기록한 서약서만을 받을 테고. 돈을 헌납하겠다고 약속한 사람은 그 돈을 그대로 가지고 있다가, 매년 공공복리를 위한 봉사활동에 재산의 6분의 1

을 내놓으면 되는 거지."

"헌납을 약속한 사람이 혹시라도 서약을 지키지 않으면 어찌합니까?"

"강제력이 전혀 없는 서약서가 과연 제 역할을 제대로 감당할 수 있을지 의심스럽습니다."

"서약을 지키고 안 지키고는 헌납자의 양심에 맡길 생각이네. 스스로 책임감과 분별력을 가지고 그 돈을 유익한 곳에 사용할 수 있으면 더 바랄 게 없을 테고."

"맞습니다. 양심만큼 무서운 게 어디 또 있으라고요."

"비노바의 깊은 뜻을 제가 미처 헤아리지 못했습니다."

그렇듯 상황에 맞춰 방법을 수정하고 보완해 가며 비노바는 2년 남짓 비하르 지역을 걸어 다녔고, 230만 에이커의 땅을 헌납받을 수 있었다.

마침내 땅을 갖게 된 사람들이 삶의 터전을 일구는 일에도 관심을 기울였다. 마을 토지의 공동경작 운동을 통해 얻은 지식과 경험들을 전수하면서 마을 간의 정보교환을 돕기도 했다. 언제부턴지 뜻을 같이하는 수행자와 친구들이 하나, 둘, 늘어 갔다.

"비노바, 저도 작은 힘이나마 보태고 싶습니다."

"자네 혼자 다니는 것보다야 여럿이 함께 다니는 게 낫지 않겠나?"

"허드렛일이라도 시켜 주십시오."

비노바가 가는 곳마다 사람들이 모여들었고, 대통령과 수상뿐 아니라 성직자들까지 앞을 다퉈 그의 오두막을 찾아와 자신들이 사는 곳으로 모셔 가려고 들었다.

하지만 비노바는 불가촉천민이나 여성들, 다른 종교를 믿는 사람들이 환영받지 못하는 곳이라면 그곳이 어디든 결코 가려 하지 않았다. 세상의 모든 사람은 평등하며, 평등할 권리가 있다고 믿기 때문이었다.

비하르에 머물 때였다.

한번은 불가촉천민들 여러 명과 함께 마하데오의 신상을 보러 간 적이 있었다.

"불가촉천민 따위가 감히 신상을 보겠다고?"

불가촉천민의 사원 출입을 인정할 수 없다며, 신자들 여럿이 느닷없이 달려들어 비노바 일행을 마구 때리기 시작했다.

"비노바를 지켜드리자!"

그러자 모두 자신들에게 가해지는 무지막지한 매는 아랑곳하지 않은 채 온몸으로 비노바를 에워싸고는 마구잡이로 날아드는 매로부터 비노바를 지켜 주었다. 비노바는 그들의 헌신에 눈물이 날 지경이었다.

"비노바, 어디 다치신 데는 없으십니까?"

"괜히 저희 때문에 봉변이나 당하시고…… 뭐라 드릴 말씀이 없습니다."

피멍으로 얼룩진 몸도 아랑곳하지 않은 채 모두 미안한 마음에 몸 둘 바를 몰라 했다.

"저희는 여기서 기다리고 있을 테니 비노바만이라도 신상을 보고 오십시오."

"여러분이 들어갈 수 없다면 나 또한 절대 들어가지 않을 것입니다."

불가촉천민들을 받아들이지 않는 사원에는 절대 들어가지 않는 것을 철칙으로 삼고 있던 비노바였다. 더욱이 법의 힘을

빌려서 사원에 들어갈 생각은 더더욱 없었다.

비노바는 끈질기게 그들의 출입 허가를 요청하였고, 한참 만에야 출입을 허락한다는 대답을 들을 수 있었다.

"비노바 선생님, 저희가 그만 큰 실례를 범하고 말았습니다. 부디 용서하시기 바랍니다."

그제야 비노바는 그들과 함께 사원 안으로 들어가 저녁기도를 드렸고, 공경스러운 마음으로 신상을 보러 갔다.

서벵골과 오리사 지역의 순례를 마친 비노바는 동부 해안선을 따라 안드라와 타밀나두를 거쳐 인도 최남단의 케랄라 지역을 다니며 토지 헌납 운동을 이어갔다.

케랄라 곳곳을 다니던 중, 비노바는 어렵게 얻은 자유를 지키기 위해 '샨티 세나' 즉, 평화군을 건설해야 할 때라는 생각이 들었다.

비노바는 정당에서 활동 중인 켈랍판 선생에게 평화군에 대한 구상을 설명해 나갔다.

"평화군의 임무는 긴장의 조짐들을 경계하며, 모든 폭력의 발생을 막는 것입니다."

평소에는 사회의 일원으로 활동하면서 그람단의 선언을 얻어 내는 일 등을 하면 되지만, 긴급 사태가 발생하게 되면 목숨을 바칠 각오로 평화를 지켜 내야 하는 역할이었다.

"인구 5천 명 당 평화군인 한 사람씩은 있어야 할 겁니다. 그러므로 인도의 총인구가 3억 5천만 명인 것을 고려하면 적어도 7만 명의 군인이 필요할 것입니다."

"좋소, 내가 평화군 총사령관을 맡아서 하겠소!"

켈랍판 선생은 흔쾌히 정당에 사표를 내고는 평화군의 모집 활동에 앞장섰다. 케랄라 사람들 모두 존경해 마지않는 그가 나서 준 덕에 평화군 모병은 삽시간에 인도의 전 지역으로까지 확대되어 갔다.

케랄라를 떠나기 며칠 전이었다.

"워낙에 바쁜 줄은 알지만 아무리 그래도 예까지 오셨는데 구루바유르 사원엔 꼭 한 번 들러 보셔야 하지 않겠습니까?"

켈랍판 선생이 넌지시 운을 뗐다.

오래전인 1925년, 이곳 케랄라에서 불가촉천민들의 사원 출입을 두고 비폭력 저항 운동을 벌인 적이 있었다. 켈랍판 선생은 구루바유르 사원에서 단식을 시작하였고, 소식을 듣고 달려간 간디 선생이 그와 합류를 하였다. 간디 선생은 켈랍판 선생을 대신하여 단식을 이어갔고, 사원은 결국 불가촉천민들의 출입을 허용키로 하였다.

"케랄라의 판다르푸르* 로 불릴 만큼 힌두교 순례지로 유명한 사원이라면서요?"

"저희도 꼭 좀 데려가 주십시오."

기독교인 동료 몇이 비노바를 졸라 댔다.

결국 비노바는 일부러 시간을 만들어, 그들과 함께 구루바유르 사원을 찾아갔다.

"힌두교인이 아닌 사람은 누구도 들어갈 수 없습니다!"

하지만 사원 입구에서부터 난관에 부딪히고 말았다. 비노바는 사원 책임자를 찾아가 다 함께 사원에 들어갈 수 있게 허락해 달라고 했다.

"절대 안 됩니다!"

★ 판다르푸르 마하라슈트라 지역에 위치한 힌두교 성지입니다.

무슨 그런 말도 안 되는 부탁을 하느냐는 듯 책임자가 고개를 절레절레 내저었다.

"다른 사람들은 절대 허락할 수 없지만, 비노바 선생님은 꼭 좀 들어와 주시면 감사하겠습니다. 만약에 이런 문제로 선생님까지 들어오지 않겠다 하시면 그거야말로 저희로선 정말 유감스러운 일일 겁니다."

책임자는 비노바의 방문을 노골적으로 부추기면서도 기독교인 동료들의 출입은 완강하게 거절했다.

"죄송합니다만 동료를 모조리 밖에다 세워 두고 어떻게 나 혼자만 천신께 기도를 드리라는 건지 도무지 이해가 안 됩니다. 그런 식으로 천신을 뵌다는 건 생각조차 해 본 적이 없어서 말이지요."

비노바는 불쾌감을 감추지 않았다.

"그만 돌아갑시다."

그러고는 기독교인 동료를 데리고 단호히 발길을 돌렸다.

그런데 그게 다가 아니었다.

그 지역의 신문사 십여 곳에서 비노바가 구루바유르 사원의 출입을 거절당한 일을 두고 한바탕 논쟁을 벌였다.

"비노바 선생의 행동이 옳았다고 봅니다. 종교가 다르다는 이유만으로 사원 출입이 허용되지 않는 것은 명백한 차별이기 때문입니다."

"단지 다른 종교를 믿는다는 이유로 사원 출입을 허락하지 않는다면 이는 힌두교 전체에 더없이 크나큰 손상을 입히는 일일 것입니다."

대부분 신문이 비노바의 행동에 적극적인 지지를 표했다.

"종교가 갖는 고유한 관습을 함부로 훼손하는 건 결코 용납될 수 없습니다."

"다른 종교를 믿는 사람들을 데리고 기어이 사원 안으로 들어가겠다고 고집을 부리는 것은 분명 잘못된 일입니다."

반면, 두어 곳의 신문은 비노바의 태도에 비판적 논평을 마구 쏟아 냈다.

"이런 의식들이 있는 한, 힌두교는 세계의 호의를 잃고 말 것입니다."

이후로도 비노바는 차별적 태도를 보이는 곳이라면 그곳이 어디든 절대 가지 않겠다는 원칙을 버리지 않았다.

막사이사이상을 최초로 수상하다

"우리는 모두 무언가 베풀 것을 가지고 있습니다.
그래서 베풀고 또 베풀어야 합니다."

케랄라 지역의 순례를 마친 비노바는 휴식을 취할 겨를도 없이 또다시 서부 해안선을 따라 카르나타카 지역과 마하라 슈트라 지역 곳곳을 돌아다니며 땅 헌납을 호소하였다.

여전히 맨발이었고, 가진 거라고는 옷 두세 벌과 컵 한 개, 밥그릇 한 개가 전부였다. 해가 뜨면 해를 길동무 삼아 걸었고, 해가 지면 이엉이나 대나무로 엮어 만든 오두막집에 지친 몸을 뉘었다.

처음 시작할 때와 달라진 게 있다면 이제는 비노바 혼자가 아니라는 것이었다. 가는 곳마다 추종자와 수행자들이 그의 뒤를 따랐고, 그 수가 셀 수 없을 만큼 늘어나 있다는 것이었다.

1958년, 마하라슈트라 지역을 순례할 때였다.

어느 늦은 밤, 비노바는 수행자들과 호롱불 아래 둘러앉았다. 몇몇 수행자들의 요청으로 마련한 자리였다.

"기부받은 땅 중에서 경작이 힘든 황무지도 제법 있나 봅니다."

"황무지도 황무지지만, 기부받은 땅을 두고 마을 사람들 간에 갈등을 겪는 곳도 한두 곳이 아닌 듯합니다. 이웃 간의 갈등뿐 아니라 어떤 지역에선 부모와 자식 간에 싸움까지 있었다 하고요."

"극히 일부이긴 하지만, 처음 땅을 얻었을 때와는 달리 공동 경작에서 슬그머니 빠지려 드는 사람들 때문에 다른 사람들까지 피해를 보는 일도 있답니다."

수행자들은 토지 헌납 운동이 가져온 부정적 효과들을 나

열해 나갔다. 모두 낙담한 기색이 역력했다.

"그런 일들이 있었군요."

그런데도 비노바는 별 반응을 보이지 않았다.

"아무리 소소한 문제라지만, 아무래도 비노바의 생각을 들어 보는 게 좋을 듯싶어 굳이 자리를 마련해 주십사 한 것입니다."

"저희 모두 비노바의 생각이 궁금합니다."

수행자들은 약속이나 한 듯 비노바에게 시선을 집중시켰다.

"굳이 내 생각을 말하면⋯⋯."

한참 만에야 비노바가 말을 꺼냈다.

"토지를 헌납받아 재분배하는 토지 헌납 운동은 부자와 가난한 사람 모두를 위한 혁명입니다. 왜냐하면, 땅을 가진 부자들은 그 땅을 경작하지 않고, 땅을 경작하는 사람들은 그 땅을 소유하지 못한다는 것이 대단히 큰 모순이기 때문이지요. 그렇다고 개개인들을 벌하거나 동정하기보다는 이를 부추기는 사회 구조의 변화를 위해 노력하는 것, 그것이 토지 헌납 운동의 진정한 의미입니다. 그러니 설령 그들이 토지 헌납 운동의 진정한 의미를 훼손시키고 있다 해도 그건 우리의

몫은 아닐 것입니다. 오래전 이미 예상했었던 일이기도 하고
요. 분명한 것은 지금 같은 갈등과 혼란을 겪다 보면 언젠가
는 그들 스스로 자신들의 역할이 무언지를 깨닫게 될 거라는
것입니다."

"비노바나 저희가 해 줄 수 있는 일이 아무것도 없다는 말
씀이신지요?"

수행자 하나가 조심스레 물었다.

"우리가 해야 할 일은 성과에 연연하기보다는 우리가 지금
행하고 있는 이 일이 분명 옳고 건전한 일이라는 믿음으로 그
들을 기다려 주는 것입니다."

비노바의 말은 인내하고 기다려 주는 것이야말로 진정한
비폭력이라는 그의 믿음을 다시금 확인시켜 주는 것이었다.

"이제껏 그래 왔던 것처럼 부자들에게 땅 헌납을 호소하는
일에 최선을 다해야 할 겁니다. 저에게 힘이 허락되는 한 결
코 이 일을 멈출 수 없기 때문입니다."

지역마다 머문 기간이 다르긴 했지만 비하르에서는 230
만 에이커의 땅을 헌납받을 수 있었고, 타밀나두 지역에서는
130만 에이커 남짓한 땅을 헌납받은 게 전부였다. 하지만 비

노바는 많은 땅을 얻었다고 의기양양해 하지 않았고, 지극히 적은 땅을 얻었을 때도 낙담하지 않았다. 지칠 줄 모르며 부자들을 찾아다녔고 얻은 땅을 가난한 사람들에게 나누어 주었을 뿐이다.

"비노바의 말씀 깊이 새기겠습니다."

"앞으론 괜한 생각 말고 부자들을 찾아다니는 일에만 전념해야겠습니다."

수행자들 모두는 가슴을 한껏 젖혀 심호흡하였다. 그때였다.

"비노바! 비노바!"

젊은 수행자 하나가 다급히 비노바를 찾았다.

"무슨 일입니까?"

"비노바께서 막사이사이상의 수상자로 선정되셨다는 소식입니다."

막사이사이상은 1957년 비행기 사고로 사망한 필리핀의 전 대통령 R. 막사이사이의 자유를 위한 공적을 기리기 위해 1958년 3월에 제정된 국제적인 상이었다.

"비노바께서 최초 수상자로 선정되셨단 말씀이지요?"

"그렇답니다."

젊은 수행자는 벌어진 입을 다물 줄 몰랐다.

"역시! 역시! 그리 큰 재단에서 비노바의 뜻을 몰라 줄 리 없잖아?"

"비노바, 진심으로 축하드립니다."

"저도 축하드립니다."

수행자들 모두 제 일처럼 기뻐했다.

"이게 어찌 나한테만 해당하는 상이겠습니까?"

많은 수행자가 지쳐 어쩔 줄 몰라 하는 이때, 때를 맞춘 듯 막사이사이상의 최초 수상자로 선정되었다니. 천신의 가없는 사랑에 비노바는 감탄을 금할 수가 없었다.

'가없는 사랑에 보답하기 위해서라도 야즈나를 더더욱 알차게 채워 나가야겠구나!'

토지 헌납 운동에 최선을 다하는 길 말고는 천신의 사랑에 보답할 방법이 없겠다는 생각이 들었다.

"비노바의 말씀이 무슨 뜻인지 알 것 같습니다."

나이 지긋한 수행자가 고개를 연신 끄덕거렸다.

"내일은 봄베이 쪽으로 가기로 하지 않았던가요? 그러려면 다른 날보다 두어 시간은 빨리 서둘러야 할 테니 그만들

숙소로 가서서 눈 좀 붙이십시오."

수행자들을 바라보는 비노바의 눈빛이 그윽했다.

"맞다! 여기서 태어나셨지요?"

"가고데라고, 아주 작은 시골 마을입니다."

"기왕이면 고향 집에도 한번 들러보시지요?"

아버지를 따라 바로다로 이사한 후, 비노바가 가고데의 고향 집을 방문한 건 딱 두 번뿐이었다. 한 번은 와르다에 아쉬람 지부를 창설하기 전인 1920년이었고, 또 한 번은 두 번의 감옥생활을 겪고 난 1935년이었다. 하지만 비노바의 마음속엔 늘 고향 집이 자리하고 있었다. 그곳의 하늘과 연못과 언덕이 펼쳐져 있었고, 겉으로는 가난에 찌들고 메말라 보이지만 마음만은 세상 누구보다도 충만한 마을 사람들도 함께 있었다.

"내가 가는 그곳이 바로 고향인 것을요."

그리고 지금 비노바 자신이 해야 할 일은 부자들을 찾아 한 걸음이라도 더 내디뎌야 한다는 것이었다.

"그건 그렇고…… 이곳 순례가 마무리되는 대로 구자라트를 거쳐 북쪽 지방 곳곳을 다녀볼까 합니다. 해를 넘기기 전에 들어갈 수 있음 더 좋을 테고요."

파키스탄과 인접한 북쪽 지방은 종교적 갈등도 심한 데다 지역의 특성상 땅을 구하기가 절대 쉽지 않을 것이었다. 하지만 설령 많은 기간이 소요된다 해도 라자스탄과 카슈미르, 펀자브 같은 지역들도 빼놓을 수는 없었다.

1959년, 카슈미르 계곡에 머물고 있을 때였다. 하루는 어떤 남자가 자신의 땅을 바치고 싶다며 비노바를 찾아왔다.

"그렇듯 거룩한 결심을 해 주어 고맙습니다."

"아, 아닙니다. 저는 다만 아내의 생각에 따랐을 뿐입니다."

허름한 차림새였고, 문화적 혜택을 받은 흔적 따윈 찾아볼 수 없었지만, 표정만은 더없이 평화로워 보였다.

"아내가 신문에서 사진 한 장을 보았던 모양입니다. 어떤 사람이 험하고 거친 길도 마다치 않고 선생님을 찾아가 도움의 손길을 내밀고 있는 사진이었다는데, 그걸 본 아내 말이 어떤 이는 가난한 사람들을 돕기 위해 저렇듯 고생도 마다치 않는데 땅 헌납을 거절한다는 건 말도 안 된다지 뭡니까. 이제라도 가난한 사람들을 위해 무언가를 해야 할 때라면서, 비록 넓진 않지만 소유하고 있는 땅을 헌납했으면 하기에 그리한 것입니다."

남자가 비노바를 향해 정중히 절을 하였다.

"비록 부자도 아니고, 땅이 넓은 것도 아니지만, 부디 저희 부부의 정성을 받아 주십시오."

"아내분에게 진심으로 고맙다고 꼭! 꼭! 전해 주십시오."

비노바는 본 적도 없는 그의 아내가 계곡 너머로 펼쳐진 히말라야 산맥보다도 웅장하고 위대하게 느껴졌다.

"아내에게 말씀 꼭 전하겠습니다."

남자가 서둘러 오두막을 떠났다.

멈추지 않는 비 때문에 일정이 일주일 넘게 지연된 데다 피르판잘 고갯길은 또 얼마나 거칠고 험하기만 하던지. 이쯤에서 그만 돌아가는 게 낫지 않을까 하는 생각을 떨치지 못한 채 찾아온 계곡이었다. 문화적으로 소외된 이곳에서 과연 무엇을 얻을 수 있을지도 의문이었다.

'그런데 예상치도 않았던 진한 감동을 만나게 될 줄이야!'

남자의 뒷모습을 지켜보던 수행자들 모두 감동의 눈물을 감추지 못했다.

　　그러고는 남자와 그의 아내에게 받은 감동을 더 많은 사람에게 퍼트리기 위해 잠시 잠깐도 걸음을 멈춰서는 안 된다는 각오를 다졌다. 수행자들은 비노바를 따라 카슈미르와 펀자브 지역을 지나 마디아 프라데시와 비하르를 거쳐 앗삼 지역으로 발걸음을 내디뎠다.

　　우타르 프라데시에서 비하르를 지나 서벵골과 오리사, 안드라를 거쳐 타밀나두와 케랄라로. 그리고 카르나타카와 마하라슈트라와 구자라트를 거쳐 라자스탄으로, 카슈미르로, 펀자브와 마디아 프라데시, 비하르를 거쳐 앗삼으로…….

　　1963년 4월 18일, 비노바는 마침내 인도의 전 지역을 맨발로 다니며 이어나갔던 토지 헌납 운동을 마감하였다. 1951년 4월 18일, 포참팔리에서의 일 이후 정확히 12년 만이었다.

　　12년 동안 비노바는 무려 8천 킬로미터의 거리를 맨발로 걸었고, 4천만 에이커의 땅을 헌납받았다. 처음 목표했던 5천만 에이커에는 미치지 못했지만 비노바는 결코 후회도 원망도 하지 않았다. 더욱이 순례 길에서 얻은 수많은 경험과 감동은 인도의 총면적을 넘고도 남을 만큼 컸다.

이후로도 비노바는 마을 토지 공동 경작과 평화군 활동 그리고 '리쉬 케티' 즉, 소를 이용하지 않고 경작하는 방법 등에 더더욱 관심을 기울였다. 여성들을 위한 공동체인 '브라마비디야 만디르'를 설립해 나가는 일에도 노력을 아끼지 않았으며, 소의 도살을 없애기 위한 단식을 감행하기도 했다.

1982년 11월 15일 오전 9시 30분, 기도와 명상에만 전념하던 비노바는 자신이 설립한 마하라슈트라의 브라마비디야 만디르에서 옷 두세 벌과 컵 한 개, 밥그릇 한 개만을 가진 삶을 마감하였다.

그리고 다음 해인 1983년, 인도의 가장 높은 시민 훈장인 '바라트 라트나' 훈장을 받았다.

비노바 바베 연보

1895년   9월 11일 인도 가고데에서 태어남.

1905년   가고데를 떠나 바로다로 이주.

~1914년   학교생활에 잘 적응하지 못하다가 고등학교 시절 봉사활동에 관심을 갖기 시작함.

1916년   간디의 아쉬람으로 찾아가 그의 제자가 되어 수행자 생활을 시작함.

1923년   사티야 그라하 사건으로 감옥에 투옥되어서도 규칙적인 생활로 심신을 수행함.

1936년   나병 환자를 위한 나병 센터 건립.

1948년   스승이었던 간디가 총격으로 사망.

1951년   맨발로 인도 전 지역을 걸어 다니며 토지 헌납 운동 시작함.

1958년   막사이사이상(Magsaysay Award) 최초 수상자로 선정.

1982년   11월 15일 숨을 거둠. 다음 해 인도의 '바라트 라트나' 훈장을 받음.

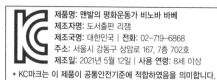

제품명: 맨발의 평화운동가 비노바 바베
제조자명: 도서출판 리잼
제조국명: 대한민국 | 전화: 02-719-6868
주소: 서울시 강동구 상암로 167, 7층 702호
제조일: 2021년 5월 12일 | 사용 연령: 8세 이상

* KC마크는 이 제품이 공통안전기준에 적합하였음을 의미합니다.

⚠ **주의** 아이들이 책의 모서리에 다치지 않게 주의하세요.

꿈을 주는 현대인물선 19

맨발의 평화운동가 비노바 바베

1판 1쇄 발행 2019년 1월 24일
1판 3쇄 발행 2021년 5월 12일

글쓴이 김영주 | 그린이 이용택
펴낸이 안성호 | 편집 조경민 조현진 | 디자인 이보옥
펴낸곳 리잼 | 출판등록 2005년 8월 9일 제 313-2005-000176호
주소 05307 서울시 강동구 상암로 167, 7층 702호
대표전화 02-719-6868 팩스 02-719-6262
홈페이지 www.rejam.co.kr 전자우편 iezzb@hanmail.net

ⓒ 김영주 ⓒ 이용택

「이 도서의 국립중앙도서관 출판예정도서목록(CIP)은 서지정보유통지원시스템 홈페이지(http://seoji.nl.go.kr)와
국가자료공동목록시스템(http://www.nl.go.kr/kolisnet)에서 이용하실 수 있습니다.
(CIP제어번호: CIP2019000788)」

ISBN 979-11-87643-64-7 (44080)
        978-89-92826-87-7 (세트)

※ 이 도서는 한국출판문화산업진흥원의 출판콘텐츠 창작 자금 지원 사업의 일환으로
    국민체육진흥기금을 지원받아 제작되었습니다.